47

마음만 받을게요

박귀영 수필집

책을 내면서

여름의 끝자락에서 시원한 소나기가 내린다. 굵은 빗소리가 새로운 하루의 서막을 알리는 행진곡처럼 경쾌하다. 날마다 아침이면 라디오를 켜 놓고 글밭에서 생각의 조각들을 사유하는 시간을 만난다. 단조로운 일상이 몇 줄의 글로도 반짝 빛이 나는 걸 볼 때는 행복이 결코 거창하지 않다는 것을 느낀다.

그동안 썼던 글을 모으고 정리하다보니 한 권의 책으로 엮어져 첫 수필집이 되었다. 잊고 있었던 나 자신의 모습을 돌아보며 가만히 바라보는 시간을 오랜만에 가져 본 것 같다. 바쁘게 사느라 많은 것을 잊고 지냈는데 글을 쓰면서 추억을 만나고 마음의 치유를 얻었다.

수필 쓰기는 어렵고 힘들지만 하나씩 배워나가는 재미와 즐거움도 있다. 소박한 일상이 따뜻하고 정감 있는 이야기로 사람들에게 전해질 수 있다면 그보다 행복한 일이 어디 있을까.

부족한 글 쓰느라 소홀했던 주부로서의 자리도 거뜬히 품어준 남편과 최선을 다하며 항상 응원을 해 준 딸과 아들에게도 고마움을 전한다. 이 책이 나오기까지 곁에서 묵묵히 도와 준 분들께 지면으로 감사의 마음을 대신한다. 서평을 써 주신 한국수필가협회 장호병 이사장님께 거듭 감사를 드린다. 날마다 만나는 사람들과 나누는 인연이 더욱 소중한 인연으로 맺어지길 기원해 본다.

2019년 8월에
박귀영

차례

책을 내면서   2

 꽃차를 우리며

부추꽃   10
오두막 이야기   14
라디오를 들으며   18
혼자라는 것에 대하여   21
책이 내게로 왔다   24
나의 애장품   27
신발의 함수   30
장독과 항아리   33
긍정의 한마디   36
꽃차를 우리며   39
마음만 받을게요   42

Part 2 백년의 향기

백년의 향기	46
양산	49
음악은 세상으로 통한다	53
노년을 위한 변주곡	57
영화 '원더'	61
책을 정리하면서	64
인생사진	67
절호의 타이밍	71
작은 행복	74
마음약방	77
광려천 풍경	80

Part 3 엄마의 정원

감자꽃 필 때면	84
엄마의 정원	87
시간 선물	90
짝	93
우동 한 그릇	96
편지 쓰는 시간	99
그대, 행복을 꿈꾼다면	102
커피 단상	106
하면 된다	109
반짇고리	112
홍시	115

Part 4 백담사 돌탑

맨발로 걷는 길	120
사랑은 어디에 있을까	124
창경궁 달빛 야행	127
그곳	130
굿바이 하동역	134
배롱나무 아래에서	137
꼬부랑길을 아시나요?	140
백담사 돌탑	143
가야장터에서	146
바야흐로 물회	149
김광석 다시그리기 길	152

발문
제3의 눈에 비친 행복론 **장호병**　　　　158

꽃차를 우리며

꽃차를 우린다. 주전자에 담긴 따뜻한 물을 맑고 투명한 유리잔 위에 부으면 꽃잎이 파르르 기지개를 켠다. 죽은 듯 고요하던 꽃들이 일제히 세상을 향해 향기를 풀어 놓는 순간이다.

바쁘게 살아가는 우리에게 쉼표를 주듯 다양한 꽃들이 차로 만들어져 우리의 눈과 입을 즐겁게 해 준다. 목련꽃이나 산수유, 국화, 매화, 수국, 개나리 그리고 벚꽃까지 한 계절을 수놓았던 꽃의 변신을 기대해도 좋다.

―〈꽃차를 우리며〉 중에서

부추꽃

별주부전의 고향 비토섬을 찾았다. 비토섬은 사천만 끝자락에 위치한 작고 아담한 섬이다. 우리에게 잘 알려진 토끼와 거북이, 그리고 용왕의 전설이 서려 있는 곳이다.

주변에 있는 섬 하나씩 동물 형상의 이름을 가지고 있어 부르는 명칭부터 재미가 있다. 토끼의 모양을 빼닮았다고 하는 토끼섬, 납작 엎드린 거북 모양을 한 거북섬도 있고, 별학섬이라 부르는 섬도 있다. 그중에서 제일 큰 섬은 우리에게 알려진 '토끼가 비상하는 형상'이라 하여 붙여진 비토섬이다. 해변을 따라 천천히 차로 드라이브하기에도 좋아 찾아오는 사람들이 많다.

비토섬에 자리 잡은 작고 아담한 어촌 마을은 여느 시골 풍경과는 사뭇 다르다. 옹기종기 빨갛게 칠한 지붕은 멀리서 보면 이국에

와 있는 느낌이 들 만큼 색다르다. 바다와 육지가 어우러진 풍광은 꾸미지 않은 자연 그대로여서 정감이 간다.

차를 주차 후 마을의 좁은 길을 걷기로 한다. 이 섬을 제대로 돌아볼 요량이다. 바다를 벗 삼아 천천히 걷는 재미는 살랑살랑 부는 바람의 감촉만큼이나 좋다. 마을 어귀에서 평상에 앉아 있는 두 노인을 만나 인사를 건넨다. 외지인이 말을 건네는 일이 허다하겠지만 반갑게 맞아 준다.

별주부전에 얽힌 이야기의 결말이 모두가 알고 있는 것과 약간 다르다며 이야기를 시작한다. 남해바다 용왕님의 사자인 별주부가 찾아와 토끼의 간을 가지러 왔다 하자 토끼는 살기 위해서 도망을 친다. 월등도를 향해 뛰어내릴 목적이었지만 육지가 너무 멀어 바다에 떨어져 죽으면서 토끼섬이 되었다. 토끼가 죽자 용왕님께 혼이 날 것이 두려웠던 거북이 용궁으로 돌아가지 못하고 거북섬이 되었다는 것이다. 비토섬에서 만나는 사람들이 전해주는 이야기는 전설이지만 입에서 입을 통해 이렇게 테마가 되다니 재미가 있다.

길은 막힘 없이 이어져 있어 천천히 여유를 부리며 걷기 좋다. 여행의 묘미는 자기가 사는 곳을 벗어나 잠시라도 주위를 둘러볼 수 있는 관조의 시간을 가지게 해 주는 것이다. 내가 살던 곳을 벗어나 다른 사람들의 사는 모습을 보면서 많은 것을 배우게 되니 말이다.

잠깐 흐릿하던 날씨가 다시 환하게 밝아진다. 비토리 여기저기를 둘러보다 우연히 내 시선을 사로잡는 것이 있어 다가가 보니 텃밭을 가득 메운 것은 부추꽃이다. 긴 대롱에 우산살을 펼치듯 활짝 피어 있는 부추꽃이 잔잔한 바람에 살랑거리며 흔들리고 있다. 어쩌다 듬성듬성 피어 있는 모습은 보았지만 이렇게 온 밭에 하얗게 꽃무리를 펴고 있다니 놀랍기만 하다. 그리고 보니 내가 있는 주위가 온통 부추 밭이어서 알싸한 부추향이 사방으로 흩날리는 것 같다.

언젠가 시장에서 사 온 부추 단 속에서 활짝 피어 있던 꽃 한 송이를 발견하고 예쁜 컵에 담아 두었던 기억이 났다. 별처럼 생긴 모습을 보니 하늘에서 작은 별이 내려온 것 같아 별꽃이라고 이름을 지어 주었다. 내 책상 위에서 가녀린 제 몸을 씩씩하게 곧추세우며 꽃대를 끝까지 피우던 녀석이 기특해 날마다 들여다보곤 하였다. 그때 알았던 부추꽃의 꽃말이 '무한한 슬픔'이었는데 그 생김새와는 다른 꽃말 때문에 몇 번이고 의문을 가지곤 했다. 그러기에는 아무리 봐도 꽃이 너무 예쁘고 앙증맞았다.

지금 연초록 밭에 내린 하얀 꽃을 보니 별이 쏟아져 내린 것 같은 착각이 든다. 흔하지만 귀한 부추꽃. 이처럼 넓은 밭을 가득 메우며 피어 있는 모습을 차를 타고 그냥 지나갔더라면 결코 볼 수 없었기에 더 반갑다.

부추는 베어내고 베어내도 계속 자란다. 기꺼이 자신을 내어주니 어머니의 모습과 닮았다. 강인한 생명력과 더불어 인내하는 삶은 오롯이 자식을 위하는 모정과 닮았다. 어머니는 해마다 부추가 자랄 때면 그것을 일일이 다듬어 가져다주었다. 손품이 많이 가는 채

소여서 귀찮을 텐데도 정성스럽게 손질을 해 주어 받을 때마다 고마움과 죄송함이 밀려왔다. 어머니가 주신 부추 덕분에 비 오는 날에는 바삭하게 전을 해 먹고, 짭조름하게 나물도 무쳐 먹고, 고기를 구울 땐 고명처럼 얹어 먹었다.

  오늘처럼 문득 길을 걷다가 낯익은 향에 이끌려 부추밭에 온 것도 어쩌면 어머니를 생각하는 내 마음이 닿아서였을까. 바다와 섬이 공존하는 이곳에서 당당하게 자신을 피워내는 부추꽃 한 송이를 살짝 어루만져 본다. 어머니를 생각하면서.

  섬이라고 하지만 육지와 연결된 연륙교가 생기면서 바다 위의 작은 육지가 된 별부주전의 고향 비토섬. 아름다운 섬마을에서 바다를 바라보며 하얀 그리움에 젖어본다.

오두막 이야기

골목길로 접어들었다. 동네 한가운데 올망졸망 모인 집들 사이로 낯익은 집이 눈에 들어온다. 이곳은 늘 내게 많은 도움을 주는 S 선생이 가장 아끼고 사랑하는 공간이다.

육십여 년의 세월을 그대로 간직하고 있는 이 집은 S 선생이 오두막이라고 사람들에게 말하는 행복의 장소다. 살아가는데 아무런 불편이 없는 최소한의 공간이면 된다는 그의 삶의 철학을 엿볼 수 있어 내가 좋아하는 곳이기도 하다. 기와를 켜켜이 포개어 놓은 담장 너머로 작은 마당이 눈에 들어온다. 마당 한쪽에 있는 텃밭에서는 토마토, 도라지, 더덕이 푸릇한 잎을 돋우며 자라고 있다. 호박 줄기가 긴 가지를 하늘을 향해 뻗어 올리고 있는 모습이 정겹다.

담 모퉁이를 살짝 돌아가니 긴 나무막대를 두 개 걸쳐놓은 대문이 눈에 들어온다. 흡사 제주도의 대문으로 불리는 정낭이 연상되기도 하지만 돌이 아닌 나무기둥 사이에 걸쳐놓은 나무막대라서 인상 깊다.

따로 대문이 없고 열쇠도 없으니 누구라도 와서 쉬어가도 좋다는 집주인의 배려가 숨어 있다. 소유하되 집착하지 않는 것이야말로 그가 추구하는 삶의 원칙이다. 그를 알고 있는 사람들이 이 집을 허물없이 찾아가는 힐링의 공간으로 삼은 데는 이런 이유가 있다.

나무막대를 살짝 들어 올려 한쪽에 뉘어 놓고 들어선다. 대문 옆 작은 감나무 한 그루가 집으로 들어오는 이들을 반겨준다. 감들은 약을 따로 치지 않아서 양은 적지만 해마다 이웃들과 나눠 먹는다고 하니 그의 소박한 정을 느낄 수 있다.

부엌 아궁이에서 군불을 피워 방을 따뜻하게 하는 구조이다 보니 집 천장은 서까래까지 시커멓게 그을려 있다. 신발을 벗고 마루 위에 올라서면 처마 안에 주인이 떠난 텅 빈 제비집이 보인다. 해마다 봄이면 찾아온다는 강남제비의 모습을 보는 것은 도심에서는 상상할 수도 없는 일이다. 머잖은 포근한 봄날에 그들을 만날 상상을 하니 즐겁다.

남향으로 앉은 작고 아담한 오두막에는 방 두 개와 마루가 전부다. 창호지를 발라 은근히 멋스러운 방문은 문고리만 봐도 세월의 흔적을 엿볼 수 있다. 넓지는 않지만 최소한의 공간이 주는 소박함이다.

조심스럽게 방문을 살짝 열어본다. 방이라고 해 봐야 어른 두세 명이 누울 만큼의 공간이 전부다. 예전에 이 집에 여섯 식구가 살았다는 사실이 믿기지 않을 만큼 작고 협소하다. 그 많은 식구가 어떻게 이런 곳에 살았을까 생각하니 신기하기도 하다.

몇 권의 책과 침낭 하나, 그리고 커피 그라인더와 주전자가 이 집 주인의 모습을 닮았다. 이곳에서 유일하게 사치스러운 물건인 전축이 구석 자리에 놓여 있다. 직접 거주를 하지는 않지만 가끔씩 들를 때마다 클래식 음악을 들으며 행복을 느낀다고 했다. 잠시 쉬어갈 수 있는 자기만의 공간이 있다는 것은 얼마나 행복한 일인가.

마루에 서서 건너편 앞산을 바라본다. 따뜻한 봄 햇살을 받으며 가만히 눈을 감고 있으면 쉬이쉬이 나무들의 소리가 아름다운 노래가 되어 준다. 아름드리 소나무가 숲을 이루고 있으니 은은한 솔향이 바람을 타고 내게로 오는 것 같다.

요즘 사람들은 집에 대한 애착이 유달리 많은 것 같다. 비싼 돈을 주고서라도 고가의 아파트를 사려고 하는 모습을 볼 때마다 나는 이 오두막을 떠올리곤 한다. 불필요한 것들은 최소한으로 두고 갑갑하고 불편한 마음도 잠깐 내려놓는다. 누구라도 와서 잠시 쉬어가도 좋다는 마음으로 느리게 천천히 그리고 조용한 삶을 실천해 보기에 제격인 오두막.

"사람이 집 좁은 건 살아도 마음 좁은 건 못 산다."고 하신 친정어머니의 말씀이 새록새록 생각난다. 겉모습에 치중하지 않고, 욕심

없이 작은 것에 만족하면서 사는 것이 어쩌면 우리가 찾던 진정한 행복이 아닐까.

오후의 긴 햇살이 앞산 나무숲 뒤로 서서히 숨고 있다.

라디오를 들으며

 눈으로 보는 미디어의 세계와는 다르게 마음으로 듣고 생각할 수 있는 라디오의 매력에 빠진 요즘이다. 다양한 음악을 들을 수 있는 라디오 청취는 요즘 내가 누리는 소소한 행복 중 하나다.
 잠시 하던 일을 멈추고 라디오를 켠다. 방송을 통해 흘러나오는 노래가 집안 여기저기에서 클래식의 세계로 나를 데려다준다. 생각해보니 라디오와 처음 인연을 맺게 된 것은 오빠들 때문이었다. 음악을 좋아했던 오빠들이 용돈을 모아서 산 전축은 이런저런 노래를 마음껏 들을 수 있는 뮤직 박스였다.
 수십 장의 LP판이 방 한쪽에 가지런히 놓여 있어 다양한 장르의 음악을 자연스럽게 접할 수 있었다. 다른 건 몰라도 노래나 음악에 관해서는 또래 친구들보다 특혜를 받는 기분이 들 정도였다. 내가 노래나 음악을 좋아하게 된 것은 순전히 오빠들 때문이었다고 해도 과언이 아니었다.

 옛날 우리 집은 마루를 사이에 두고 안방과 건넌방, 그리고 맞은편 작은방까지 짧은 동선의 구조로 되어 있었다. 틈만 나면 전축 앞에서 놀던 나를 위해 오빠 방에서 전축을 틀면 마루를 지나 내 방에서도 같은 노래를 들을 수 있도록 작은 스피커를 달아주었다. 한쪽에서 노래를 틀면 같은 곡을 공유할 수 있으니 지금 생각해보면 당시에 내가 누린 최고의 호사가 아니었나 싶다.

 우리에게 낯익은 팝송을 LP판으로 듣는 즐거움도 있었지만 무엇보다 그 시절 시간마다 들려오는 라디오 방송은 정말 재미가 있었다. 날마다 애청자들의 다양한 사연에 울고 웃으며 학창시절을 보냈다. 다른 사람들의 인생 이야기를 듣는다는 것 자체가 라디오가 아니면 결코 접할 수 없는 것이었다.

 아버지가 사 준 휴대용 미니카세트는 음악을 좋아하는 내게 신세계를 선물해주었다. 어디서든 이어폰을 꽂아 음악을 바로 들을 수 있어 좋았다. 그때의 기분이란 지금 생각해도 짜릿할 만큼 신났다. 그 시절 모두가 즐겨듣던 라디오 방송인 '별이 빛나는 밤에'를 들으면서 열렬한 애청자가 되기도 했다. 인기 가수 이문세가 진행을 맡았던 십여 년의 시간 동안 친구들은 그를 '밤의 문교부 장관'이라고 부르곤 했다.

 별밤지기로 불렸던 당시 진행자들은 우리의 마음을 너무나 잘 알고 있다는 듯이 날마다 모두가 좋아하는 노래들을 알아서 들려주었다. 어쩌다 내가 보낸 사연이 방송을 통해 나오기를 기다리던 날이면 종일 그 기다림마저도 즐거운 시간이었다.

때로는 속을 확 풀어주는 청량제처럼 라디오는 언제나 나에게 둘도 없는 친구가 되어 주었다. 애청자들의 사연 하나하나에 함께 웃고 함께 울 만큼 공감하면서 그렇게 학창시절을 보냈다.

얼마 전 우연한 기회에 방송국에 가게 되었다. 평소 알고 지내던 지인이 지역의 명소를 소개하는 코너에 참여하게 되어 동행을 했다. 라디오 진행이 어떻게 이루어지는지 부스 밖에서 바라보는 일은 생각보다 흥미로웠다. 일 분 일 초 촌각을 다투며 진행 큐 사인을 통해 전화를 연결하고 대화를 나누고 광고를 전하는 과정은 생소하면서도 새로운 경험으로 다가왔다.

알찬 준비와 진행을 통해 라디오 청취자들에게 방송이 어떻게 전달되는지 알 수 있는 시간이어서 흥미로웠다. 한 사람만이 아닌 모두가 소통할 수 있는 라디오는 그래서 지금까지 여러 가지 모습으로 자기의 자리를 지켜오지 않았나 생각되었다.

라디오는 한때 미디어의 발달로 조금씩 자리를 잃어가는 듯했다. 하지만 이제는 손안의 핸드폰으로 언제 어디서건 장소를 불문하고 라디오를 보고 들을 수 있을 만큼 변했다. 장르와 상관없이 다양한 음악을 들을 수 있고, 세상과 소통할 수 있는 아날로그 감성을 전해주고 있는 것이다. 디지털 시대에 맞지 않을지라도 음악이 있는 풍경을 그리면서 조금은 더디게 천천히 살고 싶어진다.

혼자라는 것에 대하여

　우리가 혼자서 살기 힘든 이유는 외로움 때문이라고 한다. 외로움을 국어사전에서 찾아보았더니 '홀로되어 쓸쓸한 마음이나 느낌'이라고 나와 있다. 영화 〈캐스트 어웨이〉는 혼자서는 살아갈 수 없는 '외로움'이라는 인간 본성을 보여주는 영화다. 특송 업체 직원인 척은 언제나 시간을 무시하거나 낭비하거나 깔보는 일을 절대로 해서는 안 된다는 말을 입에 달고 살면서 전 세계를 돌아다닌다.
　크리스마스이브에 여자 친구와의 데이트 대신 비행기를 타고 일을 하러 떠나던 중 태평양 상공을 날던 비행기가 바다에 추락하여 무인도로 떠밀려 오게 된다. 자신의 처지를 비관할 새도 없이 하루하루 먹을 것을 찾아다니며 섬 생활에 적응을 하면서 무려 4년이나 로빈슨 크루소처럼 생활한다. 하지만 타인과의 교류를 가질 수 없는 혼자라는 외로움이 그를 좌절하게 만든다.

어느 날 파도에 떠밀려온 비행기 운송물 쓰레기를 뒤지다 작은 배구공 하나를 발견하게 된다. 그는 이 배구공에 윌슨이라는 이름을 붙여주고 공 표면에 자신의 피로 눈과 코와 입을 그려 넣는다. 이후 하나의 사물에 불과한 윌슨이 친구가 되어 준다. 그에게 대화 상대가 되어주는 윌슨이 있어 살아갈 힘을 얻는다. 뗏목을 타고 망망대해로 나갔을 때 윌슨이 조류로 휩쓸려 떠내려가자 "윌슨, 미안해 윌슨" 하면서 절망하는 척의 모습은 이 영화에서 가장 인상적인 장면이다.

절대적인 고립과 고독 사이에서 삶의 의미를 되돌아보게 만드는 영화 〈캐스트 어웨이〉는 왜 사는지 어떻게 살아야 하는지를 보여주는 영화라고 할 수 있다. 혼자 있다 보면 느끼게 되는 외롭다는 감정은 어쩌면 지극히 자연스러운 것이라 할 수 있다.

신달자 시인은 '사람은 누구나 자신만의 외로움을 갖고 산다.'고 말했다. 세상에 다 보여줄 수 없는 나만의 외로움이 있다는 말이다. 하지만 그 외로움은 온전히 자신의 몫이라 해도 어쩔 수 없다는 것이다. 바쁘게 돌아가는 세상 속에 살고 있는 우리는 모두 외로운 사람들일지도 모르지만 그 외로움도 사랑하며 살아야 하는 숙명이다.

요즘 혼자서 밥을 먹고, 혼자서 술을 먹는 1인 가구를 의미하는 '혼족'이라는 말이 유행처럼 번지고 있다. 지상파 방송에서조차 '나 혼자 산다'라는 제목으로 방송을 하고 있을 정도다. 유명 연예인이 혼자서 밥을 해 먹고 쇼핑도 하고 여행을 다니는 설정은 더 이상 낯선 풍경이 아니다. 혼자여서 외롭기는 하지만 혼자만의 삶을 즐기는 그들의 모습은 가끔은 부러움을 사기도 한다.

실제로 1인 가구가 늘어나고 소비 방식도 그들에게 맞춰져 가고 있다. 혼자 즐기며 사는 일이 당당하고 자연스러운 시대가 된 것처럼 보일 뿐, 피할 수 없는 현실로 받아들이라는 뜻일 것이다. 그야말로 '나홀로족'이 늘어나고 있어 남의 시선 따위는 신경 안 쓰고 살겠다는 일종의 반기이다.

타인과의 관계가 아닌 혼자라는 설정은 외로움이 동반될 수밖에 없음을 보여 주고 있다. 그것은 〈캐스트 어웨이〉에서 척의 친구가 되어 주었던 윌슨을 만들어 줌으로써 외로움을 이겨 보라는 메시지를 던져 주듯이, 혼자서는 행복할 수 없다는 것을 다시 일깨워주고 있는 것이다.

남을 의식할 필요가 없이 온전히 혼자여서 행복하다고 할 수 있을까. 가끔 여행을 가다 휴게소 식당에 놓인 1인 칸막이 식탁을 보게 된다. 누구의 방해도 받지 말고 편하게 식사하라는 배려가 숨어 있음을 알 수 있다. 나도 어쩌다 동행이 없이 혼자 밥을 먹을 때면 남의 눈치를 보지 않으려고 손전화기를 만지기도 한다. 음악을 들으면서 애써 태연을 가장하며 밥을 먹는다.

혼자라는 외로움은 늘 우리 곁에 있다. 혼자일 때 비로소 자신에게로 침잠하면서 한 뼘 더 성장의 시간을 가질 수 있지 않을까.

책이 내게로 왔다

 외출하고 집으로 들어올 때 습관적으로 우편함을 본다. 각종 고지서나 안내문으로 가득한 우편함이지만 가끔씩 배달되어 오는 책이 있어 반갑다.
 생각지도 못한 지인의 책을 받을 때면 그것을 펴낸이의 정성이 느껴져 봉투를 뜯기도 전에 마음이 설렌다. 낯선 작가들이 보내주는 책을 받을 때는 그가 누구일까 한참을 떠올리곤 한다.
 아날로그 감성보다는 편리함의 대명사로 불리는 디지털의 세상이 끝없이 펼쳐지고 있는 요즘이다. 더욱이 눈으로 보면서 정보를 전달하는 미디어에 밀려 활자로 된 책을 멀리하고 있는 것이 현실이다. 책을 읽는다는 건 시간을 억지로 내야 하는 번거로움이 되었으니 안타까운 마음이 든다.

요즘 가장 많이 접하고 있는 SNS를 통한 글 읽기의 효과는 활자로 된 책보다 이해력이 많이 떨어진다는 결과가 나왔다. 우리는 책을 읽으면서 간접 경험을 하고 세상을 만나고 생각의 깊이를 키워간다. 책이야말로 삶의 지평이 되어 줄 등대가 아닐까.

얼마 전 우연한 기회에 이정웅 화가의 '책으로 그린 자연 이미지' 초대전을 보고 왔다. 책으로 이미지를 그린다니 도무지 상상이 되지 않았다. 갤러리에 들어서서 바라본 공간 속 그림의 이미지는 한 장의 사진처럼 보였다.

우리의 눈에 익숙한 자연의 풍경은 그저 평범하고 단순해 보였는데 막상 가까이 다가가서 보니 그것은 책으로 만든 또 다른 세상이었다. 다양한 책들을 칼로 일일이 회를 뜨듯 얇고 어슷하게 혹은 직선으로 잘라 풀을 부치고 색을 칠했다. 종이로 죽을 쒀 만든 수탉은 힘찬 날개를 펴고 금방이라도 뛰어내릴 것 같은 힘찬 기운이 느껴졌다.

버려질 뻔했던 오래된 책들의 조각들을 모아 수많은 단면을 이어 작품 하나하나를 만들었으니 그 시간과 노력이 얼마나 대단한지 알 수 있었다. 무수히 많은 활자가 들어 있던 책 속의 시간은 새로운 공간을 메워가며 그 자리에서 우리에게 말을 건네고 있었다.

화가는 책을 모으는 일에서부터 작업이 시작된다고 했다. 오랜 세월의 때가 묻은 책부터 최근의 다양한 책들까지 그림의 재료는 그야말로 책인 셈이다. 누군가가 생각 없이 버리기만 했던 책이 이렇게 새로운 모습으로 탄생하다니 화가의 독창적인 발상이 놀랍기만 했다. 책은 이미 그 존재를 뛰어넘어 새로운 이야기를 만들어 내고 있었던 것이다.

이태준은 그의 수필 〈책〉에서 이렇게 말했다. "서점에서 나는 늘 급진파다. 우선 소유하고 본다. 정류장에 나와 포장지를 끄르고 전차에 올라 첫 페이지를 읽어보는 맛, 전찻길이 멀수록 복되다." 책을 얼마나 좋아하고 사랑했으면 이렇게 표현했을까.

누군가는 정성으로 책을 펴내고 누군가는 그 책을 소중하게 읽기도 하지만 또 다른 누군가는 그 책이 귀찮은 물건 중 하나일 수도 있다. 가까운 사람에게 준 책이 라면을 끓인 냄비 받침으로 쓰이고, 가구를 지탱해 주는 지지대 역할을 하고 있는 걸 본 어느 작가는 왠지 씁쓸한 기분이 들었다며 허탈한 심정을 털어놓기도 했다.

우리가 생각하는 책에 대한 고정관념을 완전히 깨뜨린 이정웅 화가의 '자연으로 그린 이미지' 전은 그래서 더욱더 많은 생각을 하게 해 준 전시회였다. 우리가 읽고 있는 책에 대한 최소한의 예의는 말 그대로 그것을 아끼면서 제대로 읽어 주는 것이 아니겠는가.

책은 누군가의 인생이고 한 사람의 분신이다. 이 봄, 책이 내게로 왔다.

나의 애장품

거실 구석에 세워 둔 찻상이 햇수로 25년이 되어간다. 집에 손님이 오면 따뜻한 차 한 잔 마시며 오랜 세월 동안 사랑을 받은 나의 애장품이다. 고급스러운 옻칠이 되어 있는 상판과 둥글게 휘어진 곡선의 다리가 우아한 멋을 자아낸다.

바로크풍의 고가구와 별반 다르지 않을 만큼 클래식한 느낌이 나서 바라보기만 해도 기분이 좋아진다. 조금 낡긴 했어도 시간의 켜가 묻어 있어 예스럽기까지 하다. 결혼할 즈음에 발품을 팔며 구입한 것이어서 특별히 더 애착이 가는지도 모르겠다.

얼마 전 친구가 아끼던 찻잔을 선물로 주었다. 화려한 꽃잎이 그려져 있는 찻잔은 외국에서 여행을 하며 들여온 것이었다. 우리 집 찻상을 보니 꼭 주고 싶었다면서 슬쩍 내미니 못 이기는 척 받고 말았다. 주변에서 쉽게 구할 수 없는 모양인 데다 분명 자기가 좋아하는 물건일 텐데 단번에 주는 그 마음이 어찌나 고맙던지.

새것이 아닌 쓰던 것을 줘 미안하다는 그녀였지만 평소에 애지중지하던 것을 주다니 나로서는 무엇과도 바꿀 수 없는 선물을 받은 셈이었다. 자기가 아끼던 물건을 필요한 누군가에게 전해주는 일은 쉬운 것 같아도 아직 익숙하지 않은 풍경이다.

우리 집에는 오래된 물건들이 많다. 결혼하고 지금껏 쓰고 있는 다리미는 고장 한번 없이 여전히 제 몫을 해내고 있다. 낡았다는 것 말고는 25년을 한결같이 어떤 옷이든 구김 없이 잘 다려주고 있으니 대견하기까지 하다. 새로운 전자제품이 쏟아져 나오는 시대에 살고 있지만 불편함이 없기에 고장이 나지 않으면 계속 사용하리라 마음먹고 있다.

나는 새로운 물건보다 손때가 묻은 오래된 물건을 좋아하는 편이다. 누군가는 고리타분하다고 할지도 모르지만 정성과 의미가 깃들어 있기에 함부로 버리지 못하고 알뜰하게 쓰고 있다. 새것도 조금만 쓰고 나면 금방 낡아지니 굳이 집착할 필요를 느끼지 못한다.

며칠 전 한 방송에서 보았던 핀란드 사람들의 소비 패턴이 생각난다. 핀란드 사람들은 자신이 쓸 물건을 함부로 고르지 않는다고 한다. 그들은 물건 하나도 고심해서 구입을 하고 오랫동안 사용하고 나서 물려주는 생활방식을 가지고 있다. 처음 물건을 고를 때부터 자신이 쓰던 물건이나 애장품의 가치를 새것이 아닌 그만큼의 세월로 간직하려는 마음이 크기 때문이리라.

　싫증 나면 금세 버리고 바꾸는 요즘의 우리에게 지금 가지고 있는 것이 얼마나 소중한지 가르쳐 주는 것 같다. 단지 오래되었다는 이유로 쓰던 물건을 버리는 세태에 그 가치를 생각하게 한다는 사실이 색다르게 다가온다.

　할머니가 쓰던 물건을 물려받는 것이 자연스러운 나라 핀란드. 알뜰 시장에 내어놓은 다양한 물품들이 그것을 필요로 하는 사람들에게 판매되고 있는 걸 보면 부럽기도 하고 배우고 싶어진다. 그들에게는 물건들 하나하나마다 소중하게 생각하는 마음들까지 서로 주고받는 것일 테니 말이다.

　새로 장만한 것들에 정을 주기보다는 오래된 물건이 주는 편안함이 좋다. 손때가 묻은 물건일수록 그 속에는 많은 이야기가 배어 있기 때문이다. 내가 아끼던 것들이 대를 이어 사랑을 받을 수 있으면 얼마나 좋을까 상상만으로도 행복하다.

　찻상을 꺼내 닦는다. 친구가 준 찻잔에 꽃차를 우려 마셔야겠다. 차는 단지 마시는 것뿐 아니라 차려지는 자리까지 달라야 한다고 했던가. 의자가 아닌 좌식이 주는 공간에서 찻상 위에 놓인 따끈한 차 한 잔과 다과를 나눌 사람을 생각하면서 여유를 부려볼 참이다.

신발의 함수

걸음걸이를 보면 그 사람의 성격이나 습관을 알 수 있다. 빠르게 걷거나 혹은 천천히 걷거나 세상에 똑같은 모습으로 걷는 사람은 없다.

자기도 모르게 굳어버린 걸음걸이는 신고 있는 구두의 굽만 봐도 짐작할 수 있다고 한다. 나는 발 모양이 좀 특이해 신발을 고르기가 여간 어려운 게 아니다. 내 발은 엄지발가락이 유달리 큰 데다 다섯 개의 발가락 중에서 엄지를 제외한 나머지 발가락은 작고 힘이 없어 전체적으로 보면 균형이 안 맞다. 특이한 발의 구조 때문에 내게 맞는 신발을 구하기가 쉽지 않다.

어쩌다 운 좋게 발이 편한 신발을 고르게 되면 다른 신발은 신을 새도 없이 늘 한 가지만 신고 다닌다. 계절마다 새로 신발을 장만하지만 모두 내 발에 맞지는 않아 여전히 오래되고 편한 신발을 신고 있다. 내 발에 맞지 않는 신발은 바깥보다 안쪽에 더 힘을 주면서 걷게 돼 걸음걸이까지 어색하게 만든다. 신발이 닳고 나서 보면 항상 안쪽이 굽어 있어 걸음걸이가 부자연스러웠다는 것을 알 수 있다.

여름이 시작되고 남편은 나에게 하이힐을 한번 신어 보라고 한다. 패션의 완성은 신발이라며 과감하게 도전해 보라고 아우성이다. 내 발의 상태는 고사하고 좀 멋지게 변해보라는 뜻이겠지만 마음처럼 엄두를 내지 못한다. 특이한 내 발의 단점을 보완해 줄 꼭 맞는 신발을 언제쯤 만나게 될지.

동네 구두수선 가게는 한자리에서 십여 년째 문을 열고 있다. 작은 간이 조립식 컨테이너 안에서 늘 앉아 일하는 아저씨는 수더분한 인상의 예순이 훌쩍 넘은 분이다. 좁은 공간 안에 쌓여 있는 많은 종류의 신발이 그의 솜씨를 거쳐 새로이 세상 밖으로 나가려고 기다리는 중이다.

몇 년을 신고 다니던 구두가 며칠째 '또각또각' 걸음마다 계속 요란하게 울린다. 굽이 다 닳아 제 기능을 못하겠다고 경고를 보내는 것 같다. 대충 신고 버리면 되겠지 하면서도 내 발이 편하다면 수선비가 얼마가 들더라도 상관없다. 낡은 구두라 부끄럽다고 엄살하며 내놓으면 수선 가게 아저씨는 말없이 내 구두 여기저기를 살펴보고 굽 말고도 해진 데가 없는지 찬찬히 돌려본다.

"잘 고쳐 줄 테니 조금만 기다려 보이소." 투박한 말투지만 왠지 믿음이 간다. 이제부터 아무렇게나 막 할 수 없다며 집중하는 아저씨의 모습은 장인 정신이 느껴질 만큼 결의에 차 있다. 아저씨는 가게 구석에서 한참을 구두에 맞는 굽을 찾느라 잔뜩 허리를 굽히고 있다. 내가 서 있는 곳에서 바라보면 도대체 무엇을 하고 있는지, 제대로 되고 있는지 수선을 맡겨 놓고도 궁금증이 일 정도다.

팔에 힘을 줘 굽을 뽑고 새 굽을 간 뒤 전체를 구두약으로 말끔하게 닦아 주는 것으로 작업은 끝이 난다. 단돈 3천 원을 얻는 수입이지만 자신의 모든 기술을 동원해 뚝딱뚝딱 수선한다. 나는 번번이 대충해 줘도 신을 수 있을 텐데 하는 생각이 들다가도 아저씨의 모습을 보면서 대충이라는 마음이 부끄러워 얼른 돈을 내민다.

신발은 우리 일상의 모습을 대변한다는 생각이 든다. 아무렇게나 골라 의미 없이 신는 신발이 아니라 자신의 몸을 지탱해 움직이는 물건으로 세상에서 가장 소중한 존재라고 할 수 있다.

내 구두의 외장은 조금 낡았지만 다시 새 모습으로 변신을 했다. 단돈 3천 원으로 행복이 덤으로 주어진 것이다. 이제 한동안 또 편안하게 길들여진 구두를 신고 자신 있게 세상을 향해 걸어갈 내 모습을 그려본다.

나에게 꼭 맞는 신발을 신고 올바른 걸음걸이로 한 발자국씩 걸음을 옮기는 일이야말로 우리 삶의 궤적을 이어가는 일이 아닐까.

장독과 항아리

　우리 집 피아노 위에는 소품들이 많다. 여러 곳을 여행하면서 사 온 다양한 조각품들이 놓여 있어 볼 때마다 추억이 새록새록 생각난다. 큰 눈을 동그랗게 뜨고 웃고 있는 부엉이 인형은 종류도 다양해 가만히 들여다보면 쓰다듬어 주고 싶을 정도로 사랑스럽다.

　여러 개의 소품 중 유독 내 눈길을 사로잡는 것은 작고 앙증맞은 미니 장독 세트다. 언젠가 옹기 시장에 갔다가 첫눈에 마음에 들어 사 온 미니어처다. 크기만 작아졌지 실제 장독과 똑같은 모양이어서 보는 사람마다 고향의 모습이 떠오른다며 감탄을 하곤 한다.

　투박한 나무 받침대 위에 여섯 개의 미니 장독이 모여 있는 모습을 보면 어렸을 때 부엌과 가까운 마당 한쪽에 있던 장독대가 생각난다. 볕이 잘 드는 양지 뜸에 단을 높여 여러 개의 항아리를 옹기종기 두고 장류를 담아 놓았던 곳.

　그곳에 있던 크고 작은 항아리 안에는 간장과 된장, 고추장이 들어 있어 사계절 우리 식구들의 입맛을 책임졌다. 그 시절에는 저장 용기로 옹기를 집집마다 애지중지 보관했다.

　아파트에 살다 보니 베란다가 좁아 장독을 마음대로 두지 못하는 아쉬움이 크다. 자연 숙성과 발효의 효능이 있는 옹기를 많이 가져다 두고 싶지만 사정이 허락지 않아 아쉬운 대로 서너 개를 장만해 쓰고 있다.

　어른이 두 팔을 벌려 안기도 힘든 커다란 항아리에는 천일염을 부어 놓고 일 년 내내 먹는다. 시간이 지날수록 염분이 적당히 빠져 음식을 할 때마다 넣으면 깔끔해 좋다. 중간 크기의 장독은 매실이나 각종 열매에 설탕을 넣어 담아 두었다가 청을 만들기에 이만한 것이 없다. 플라스틱 용기나 유리 항아리보다 숙성이 잘 되어 깊고 은근한 맛을 더해준다.

　내가 생각하는 장독의 최고의 기능은 누가 뭐라고 해도 구수한 멸치젓을 담아 삭힐 때라고 할 수 있다. 시중에 파는 멸치젓을 써도 되지만 친정엄마가 늘 하신 것처럼 직접 젓갈을 담아 먹는다.

　5월이면 멸치젓을 담으라고 목청 높여 외치는 소리가 골목마다 울리는데 그럴 때면 기다렸다는 듯이 한걸음에 달려나가 장사하는 아주머니를 부른다. "메르치 담으소. 메르치 담으소." 하고 걸쭉한 경상도 사투리로 말하는 아주머니의 목소리를 들으면 친근감이 느껴진다.

멸치젓은 살이 오른 굵고 싱싱한 멸치에 천일염을 버무려 장독에 담아 두고 묵묵히 기다리면 된다. 이렇게 절여둔 멸치는 시간이 흐르면 절로 삭아 국물은 걸쭉한 육젓으로 뜨고, 건더기는 건져 푹 삶아서 거르면 맑은 멸치액젓이 된다. 시중에 파는 젓갈과는 확연히 차이가 나는 맛이기에 조금의 수고로움이야 감내할 만하다.

김장김치의 맛을 내기 위해 꼭 필요한 젓갈은 반드시 내가 담아 삭힌 멸치육젓을 쓴다. 갓 담은 김장김치를 장독에 먼저 두었다가 알맞게 익으면 김치냉장고에 옮겨 넣어 두고 조금씩 꺼내 먹으면 아삭한 그 맛에 반할 정도다. 그래서일까, 일 년 내 두고두고 먹을 수 있는 묵은지는 별다른 음식솜씨가 없어도 깊은 맛을 내는 것 같다.

흙으로 빚은 옹기, 자연을 닮은 항아리는 우리 생활에 없어서는 안 될 필수품이다. 빚는 사람의 정성이 가득 들어가 있는 옹기는 소박하면서도 넉넉해 볼 때마다 정감이 간다. 장독에 담긴 건강한 먹거리를 생각하며 베란다에 놓아둔 항아리를 깨끗하게 닦는다.

어느새 내 마음까지 개운해지는 기분이 들어 자꾸만 어루만져본다.

긍정의 한마디

켄 블랜차드가 쓴 《칭찬은 고래도 춤추게 한다》는 칭찬의 중요함을 일깨워주는 책이다.

고래 조련사가 거대한 몸통의 범고래를 조련하면서 잘하면 맛있는 것을 주면서 아낌없이 칭찬을 해 준다. 기대에 미치지 못할 때는 야단을 치지 않고 격려로 다독여 환상적인 점프와 수중 쇼를 하게 된다는 이야기다.

고래도 춤추게 할 만큼 대단한 위력을 지닌 칭찬은 사람에게는 그보다 훨씬 큰 영향을 준다. 내가 누군가를 칭찬하면 부메랑이 되어 상대도 나를 똑같이 좋은 시각으로 보게 되는 것이다. 상대에 대한 관심의 표현이 사람과 사람과의 관계를 원만하게 만들어 준다.

나는 칭찬을 받았을 때 그때마다 행복한 기분이 들었던 기억을 가지고 있다. 초등학교에 다니던 시절, 선생님의 책상 위에는 아이들의 일기장이 날마다 수북이 쌓여 있었다. 그리고 그 옆에는 어떤 일을 잘했을 때마다 선생님이 찍어 주던 칭찬 도장이 나란히 놓여 있었다.

날마다 검사를 맡았던 일기장 공책을 넘길 때마다 찍혀 있던 '참! 잘했어요'는 선생님이 우리에게 주는 최고의 칭찬이었다. 굳이 불러서 말하지 않아도 너를 항상 지켜보고 있으니 잘하라는 무언의 메시지이기도 했다. 더구나 일기의 끝에 적혀 있던 선생님의 글은 몇 번이고 읽어 보아도 기분이 좋았다.

"부모님을 도와주다니 너무 멋진걸!" "여행을 즐길 수 있는 사람이 되렴." "너는 누구보다 잘할 수 있을 거야." 지금 생각해 보면 아주 사소한 말이었는데도 이런 짧은 긍정의 말이 격려와 용기를 북돋아 주었다. 내가 정말 잘하고 있는지 돌아보면서 더욱 열심히 하게 되었고, 어디서건 중요한 사람이 되어야겠다는 동기를 부여받았다. 피그말리온 효과처럼 다른 사람이 칭찬을 해주었을 때 그 일을 더욱 잘하게 되는 것과 같았다.

내가 아닌 남을 칭찬하는 일은 생각보다 쉽지가 않다. 우리는 주변에서 누가 잘못하면 비난하고 꾸중하면서도 정작 잘한 일을 칭찬하는 것에는 인색하다. 습관이 되어 있지 않으니 칭찬을 위한 몇 마디 말도 입안에서만 맴돌다 끝나버리는 경우가 많다. 칭찬을 해줘야지 하면서도 마음처럼 잘되지 않는 것은 우리가 그 일을 너무 어렵게 생각하고 있기 때문이다.

 칭찬은 사람의 마음을 움직이는 힘을 가지고 있다. 우연히 들은 긍정의 말 몇 마디에 용기를 얻어 자신감을 가지게 되고 자신의 도약을 꿈꾸는 계기를 만들기도 한다. 동화작가 안데르센이 세계적인 동화작가가 될 수 있었던 것은 그를 격려해주고 칭찬했던 어머니의 영향이었음은 잘 알려진 사실이다. 주변 사람들에게 자신이 쓴 글이 혹평을 받고 눈물을 쏟을 때 그의 어머니는 한걸음에 달려와 "안데르센아, 절대로 포기하지 마라, 엄마가 네 작품을 읽어보니 위대한 작가의 소질이 너무도 분명히 보이더구나. 그러니 끝까지 시도해라. 넌 반드시 세계적인 작가가 될 거야."라고 격려를 해 주었던 일화는 칭찬이 얼마나 대단한지 보여주는 것이다.

 오늘부터 기분 좋아지는 긍정의 말 한마디를 지금 옆에 있는 사람들에게 말해보면 어떨까. 바로 칭찬하지 않으면 눈에 보이는 순간이 지나가 버려 더욱 어색해진다. "넥타이 색깔이 참 멋지네요." 하고 마주 보며 외모를 칭찬해 주고, 거창하지 않아도 진심을 담아 "그 일을 해내다니 대단해요."라고 말해 준다면 정말 힘이 날지도 모른다. 칭찬하는 그 마음이 고스란히 상대에게 전해져 기분 좋은 변화를 만들어 갈 테니.

꽃차를 우리며

꽃차를 우린다. 주전자에 담긴 따뜻한 물을 맑고 투명한 유리잔 위에 부으면 꽃잎이 파르르 기지개를 켠다. 죽은 듯 고요하던 꽃들이 일제히 세상을 향해 향기를 풀어 놓는 순간이다.

바쁘게 살아가는 우리에게 쉼표를 주듯 다양한 꽃들이 차로 만들어져 우리의 눈과 입을 즐겁게 해 준다. 목련꽃이나 산수유, 국화, 매화, 수국, 개나리 그리고 벚꽃까지 한 계절을 수놓았던 꽃의 변신을 기대해도 좋다.

내가 꽃차의 매력에 빠지게 된 것은 분꽃 때문이었다. 아파트 화단에 핀 분꽃을 보는 일이 하루의 즐거움이 되었을 즈음 우연히 알게 된 꽃차 만들기는 나를 새로운 세계로 이끌었다. 예쁜 꽃이 며칠 피었다 사라질 때의 허전함을 달래주는 묘약이라고 할까.

다른 꽃들도 그렇겠지만 분꽃은 따고 나면 금방 시들기 때문에 빨리 만들어야 하는 번거로움이 있었다. 분꽃 안에 있는 꽃술을 손으로 일일이 제거해야 하니 귀찮기도 했다. 그래도 이후 다시 태어날 꽃을 생각하면 가슴이 설렜다. 수술이 없는 꽃들을 쟁반에 하나씩 가지런히 놓아두면 신기하게도 빙그르르 다시 예쁜 꽃이 되었다.

꽃차는 꽃잎을 말리는 온도가 중요하다고 들었기에 팬을 서서히 달구었다. 한지를 두 장 깔고, 저온에서 한 번 덖어놓았다가 꽃잎의 수분이 완전히 날아가면 고온에서 다시 덖어주었다. 처음 해 보는 작업이라 어려웠지만 얇은 꽃잎이 몇 번의 손을 거쳐 새로이 태어나는 모습이 신기하기도 했다. 많은 양은 아니지만 잘 보관해 두었다가 집에 놀러 오는 사람들과 꽃차를 우려 마실 수 있다는 행복감이 밀려왔다.

어린 시절 우리 집에 피어 있던 분꽃은 화단 가장자리에서 아무렇게 쑥쑥 자랐다. 빨갛고 노란 색깔로 여름 내내 피었다 지고를 반복했다. 아침부터 잔뜩 부풀어 올랐다가 오후가 되면 일제히 꽃망울을 터트리던 그 모습이 신기해 화단 앞에 쪼그리고 앉아 한참을 지켜보며 놀곤 했다.

꽃잎을 살짝 벌려 속에 있는 수술을 당겨 대롱대롱 꽃 귀걸이를 해보기도 하고, 꽃씨를 잘게 부수어 그 안에서 정말 분가루가 나오는지 확인하기도 했다. 꽃씨 안에 있는 하얀 가루를 얼굴에 살짝 바르면 마치 분을 바른 것처럼 신기해 한참 웃기도 하였다.

여름 한 철 활짝 핀 꽃이 지고 나면 그 자리에는 동그랗고 까만 열매가 남았다. 그러면 틈날 때마다 화단에 나가 한약의 환약처럼 생긴 까만 꽃씨를 주워 모아 편지 봉투에 조금씩 담아 두었다. 마치 소중한 보물처럼 간직했다가 이듬해 봄이 오기 전에 사람들에게 손편지와 같이 전해주면 모두들 특별한 선물을 받은 것처럼 고마워했다. 꽃을 사랑하고 아끼는 내 마음이 그들에게 가 닿았을까 생각하면 덩달아 기분이 좋아졌다.

꽃차가 그리운 계절이다. 말린 분꽃을 찻잔 속에 한 움큼 넣고 다시 뜨거운 물을 붓는다. 빨갛게 우러난 찻물을 보니 지난여름 피었던 분꽃이 깨어나 나에게 인사를 건네고 있다.

마음만 받을게요

 대중교통은 불편함도 있지만 그보다는 몇 배의 편리함이 있기에 날마다 이용하게 된다. 버스를 타고 갈 때면 습관적으로 시내버스에서 만나는 사람들의 모습을 눈여겨보게 된다. 시내버스 안의 풍경은 그래서 늘 새롭게 다가온다.
 그날도 버스는 승객이 많아 북적북적했다. 북마산 회산다리 정거장에 도착했을 즈음 십여 명의 노인들이 버스에 올랐다. 어디를 가는지 화사한 얼굴만큼이나 행복해 보이는 모습이다. 젊은 사람들의 자리 양보는 아름다운 미덕으로 이미 타고 있던 승객들은 누가 먼저랄 것도 없이 일어나 하나 둘씩 자리를 내어 주었다.
 조용하던 버스가 순식간에 노인들의 수다로 왁자지껄 시끄러워졌다. 움직일 수 있을 때 부지런히 놀러 다녀야 한다며 이야기를 하는 그들은 마치 봄 소풍을 가는 아이들과 닮았다. 가만히 얘기를 듣고 있으니 각자 간식을 준비해 둘레길 나들이에 나선 모양이었다.

몇 정거장을 더 갔을까 연세가 많은 할머니 한 분이 버스에 올랐다. 지팡이를 짚고 오르는 모습이 누구라도 달려가 부축을 해야 할 만큼 힘겨워 보였다. 달리는 버스 안에서 몸이 불편한 노인들은 안전사고에 유념해야 하기에 버스 기사도 할머니가 다 탈 때까지 기다려 주었다.

버스 안 좌석은 좀 전에 자리를 잡은 노인들이 앉아 있어 빈자리가 없었다. 덤덤한 표정으로 손잡이를 꼭 잡고 계시는 할머니를 향해 시선이 모였다. 젊은 사람들은 모두 서 있고 이미 앉은 노인들은 자신들도 앉아야 하기에 자리를 양보하지 못할 처지였다.

불편함이 잠시 흐른 뒤 뜻밖의 일이 일어났다. 자리에 앉아 있던 어르신들이 일제히 일어나 이분을 서로 자기 자리에 앉히려고 권하는 것이었다. 연세가 있기는 마찬가지인데 망설임도 없이 자리를 양보하다니 모두가 놀라 쳐다보았다. 차례차례로 일어서서 할머니를 이끌려고 하는 모습은 마치 좋은 일이 연속적으로 생기는 것 같은 '도미노 효과'를 보여주는 듯했다.

'도미노 효과'는 어느 한 부분을 건드렸을 때 그것이 연쇄 반응을 일으켜 결국 생각지도 못한 결과를 일으키는 것이라고 한다. 누군가 옆에 있는 사람을 위해 친절을 베풀면 그것이 하나의 씨앗이 되어 다시 작은 배려와 친절로 이어지는 것이라는 생각이 들었다. 가끔 자기가 받은 선행을 다른 사람에게 베푸는 일은 그것을 보고 듣기만 해도 본보기가 되는 것과 같은 이치가 될 테니.

"괜찮아요, 저는 금방 내리니 마음만 받을게요. 고마워요." 할머니는 뜻밖의 상황에 감사의 마음을 담아 짧게 인사를 했다. 본인은 괜찮으니 마음만 받겠다는 그 말이 더 아름답게 다가왔다. 버스 안에서 가끔 자리 양보를 받거나 해 주는 것을 당연하게 생각하는 사람들도 있지만 이처럼 감사의 마음을 전하는 모습은 오랜만에 보는 훈훈함이었다.

Part 2

백년의 향기

　한겨울 찬바람을 맞으며 실한 꽃봉오리를 맺고 결코 움츠러들지 않는 고고한 자태로 자신을 지키는 매화나무는 언제 봐도 선연하다. 매화의 향기는 고요한 마음을 가질 때 제대로 느끼고 알게 된다고 한다. 바람 부는 카페 마당에 서서 그윽한 매향에 취해보니 어느새 나도 매화나무가 된 듯하다. 꽃을 피우지 않았다면 아마도 죽은 나무 취급을 받아 벌써 베어졌을 운명이었을 저 매화나무에게 기특하고 대견하다고 인사를 건넨다.

―〈백년의 향기〉 중에서

백년의 향기

 '커피와 소나무'는 햇살이 눈부신 날 따뜻한 차 한 잔 마시러 가고 싶은 카페다. 그 이름처럼 마당에는 소나무가 다양하게 심겨 있어 경관부터가 남다르다. 건물 밖 마당에는 여러가지 나무와 식물을 심어 놓아 천천히 구경하는 재미까지 곁들일 수 있다.
 배롱나무, 벚나무는 머잖아 꽃 필 계절을 기다리며 꽃눈을 머금고 있고, 할미꽃은 바위 밑 햇살 아래에서 수줍은 듯 살짝 고개를 내밀고 있다. 차 마시는 것도 잊어버릴 만큼 조경이 조화롭게 꾸며져 있다. 주인의 섬세함이 느껴지는 야외 공간은 이곳을 찾는 사람들에게 여유롭게 차를 마시도록 쉼터를 만들어 준다.
 건물 안으로 들어가기 전 카페 입구에 홀로 우뚝 서 있는 매화나무는 보기만 해도 자연의 경이로움을 느끼게 한다. 이른 봄을 다 보내고 느지막한 늦봄에 만나는 매화나무라 어느 때보다 반가움이 앞선다. 살아 있는 나무라고는 느껴지지 않을 만큼 반은 고사하고 반은 생명을 힘들게 이어가고 있는 모양새가 특이해 자꾸 눈길을 주게 된다. 얼핏 보아서는 나목을 일부러 조형물처럼 세워 놓은 것처럼 보여 모르고 지나치는 사람들이 많다.

비스듬히 누워 있는 나뭇가지에 드문드문 분홍 꽃이 피어 있다. 봄은 이미 지나가고 있는데 수줍게 자기만의 꽃을 피운 모습이 신기하다. 노쇠한 나뭇가지에 핀 매화꽃을 보니 얼마나 많은 시간을 견디고 인내했을지 자연의 생명력에 감탄하지 않을 수 없다.

"이 나무는 수령이 백 년이 넘었답니다. 반은 고사하고 반만 살아 있는데도 해마다 꽃을 피운답니다." 나무 앞에서 한참을 바라보고 있으니 카페 주인이 다가와 이야기를 풀어 놓는다. 정원을 조성하려고 일부러 가져다 심었다는데 용케도 살아남아 저리도 예쁜 꽃을 피운다고 했다.

문득 남녘의 봄이 매화로 시작되었다는 P의 사진 한 장을 받고 통도사 홍매화를 보러 갔던 일이 떠올랐다. 누구보다 매화를 얼른 만나고 싶은 간절함에 몸살이 날 것 같았다. 통도사 영각 앞의 자장매는 봄의 전령처럼 오롯이 우리를 기다리고 있었다. 삼백 년의 세월을 품고 붉은 꽃망울을 터트리다니 정말이지 감동이 일었다.

일 년 중 한 계절에만 피는 꽃이 아니라 사계절 내내 우리 마음에 피어 있는 매화는 새로운 시간을 맞이할 마음의 준비를 하라는 신호를 보내는 것 같았다. 매화가 기다려지는 것은 추운 겨울을 이겨낸 그 꿋꿋한 기상 때문이 아니겠는가.

지난겨울 일본 여행을 갔다가 보았던 또 한 그루의 매화나무가 생각났다. 후쿠오카 다자이후의 비매飛梅는 일본에서 가장 먼저 꽃을 피우는 매화나무라고 했다. 수령이 천년이 넘었다는 토비우메飛梅는 '날아온 매화'라는 뜻을 가지고 있다. 주인을 못 잊은 매화가 교토에서 다자이후로 날아와 하룻밤 사이에 뿌리를 내리고 꽃을 피웠다는 전설이 서려 있어 보는 내내 가슴이 뛰었다.

주인이 그리워서 날아왔던 매화가 빨갛게 움이 돋아 머지않아 다가올 봄을 미리 보여주고 있었다. 많은 사람이 무심코 지나치던 자리에 서 있던 비매 앞에서 느꼈던 그 감동을 이곳에서 다시 만나게 되니 정말이지 행운을 얻은 기분이 들었다.

한겨울 찬바람을 맞으며 실한 꽃봉오리를 맺고 결코 움츠러들지 않는 고고한 자태로 자신을 지키는 매화나무는 언제 봐도 선연하다. 매화의 향기는 고요한 마음을 가질 때 제대로 느끼고 알게 된다고 한다. 바람 부는 카페 마당에 서서 그윽한 매향에 취해보니 어느새 나도 매화나무가 된 듯하다.

꽃을 피우지 않았다면 아마도 죽은 나무 취급을 받아 벌써 베어졌을 운명이었을 저 매화나무에게 기특하고 대견하다고 인사를 건넨다.

양산

    클로드 모네의 '파라솔을 든 여인'은 눈을 동그랗게 뜨고 화가를 바라보는 여인의 모습을 담고 있다. 바람에 나부끼는 치맛자락과 햇빛을 등지고 서 있는 그녀의 그림자는 왠지 우수에 젖어 보인다. 화폭의 풍경은 몇 번을 봐도 깊은 인상을 준다.

    이 그림은 그가 사랑했던 카미유와 그의 아들 장을 그린 것으로 순간적인 묘사가 완벽해 사람들의 관심을 받은 작품이다. 구름이 밀려가는 곳에 서 있는 여인의 손에 들린 건 초록색 양산이다. 해를 가리는 양산이 그림 속에 자연스럽게 묘사되어 있어 인상적이다.

    카미유의 죽음 이후에도 모네는 양산을 든 여인을 몇 점 더 그렸는데 같은 장소에서 다른 포즈로 서 있는 여인들의 모습은 배경과 묘하게 배치되어 깊은 여운을 준다. 화폭 속의 여인이 쓰고 있는 양산은 햇볕을 가리는 것은 물론이고 모네의 감정까지 잘 표현하고 있는 것 같아 몇 번을 봐도 새롭다.

내가 모네의 이 그림을 좋아하는 이유는 빠른 터치로 순간을 포착해 그린 화가의 노력이 엿보이는 작품이기도 하지만 그보다는 그림 속 양산 때문이다. 볕 가림을 위한 단순한 도구로 쓰이는 양산은 예전에는 멋스러움의 대명사였다지만 요즘은 말 그대로 햇볕을 가려주는 필수품으로 사랑받고 있다.

여름이 시작되고 내 가방 속에는 자주색 양산이 들어 있다. 한 손에 잡히는 적당한 크기의 양산은 외출을 하거나 어디를 가도 내 손에 꼭 들려 있다. 일부러 해를 가리려는 건 아니지만 따가운 햇볕을 적당히 차단해 주기에 여름 내내 나와 함께한다.

이 양산을 볼 때면 항상 떠오르는 분이 있다. 평소에 가볍게 인사를 나눌 정도로 조용한 성격을 지닌 L선생님이다. 어쩌다 오랫동안 쓰고 다니던 양산을 잃어버려 소침해져 있는 내게 선뜻 새 양산을 선물해 주신 고마움이 밀려온다.

어디에 두고 온 건지 애지중지 들고 다니던 양산이 며칠째 보이지 않았다. 없어졌다 싶어도 으레 어딘가에서 다시 내게로 돌아오던 양산이었는데 아무리 찾아봐도 없으니 필시 이번에는 잃어버린 게 분명했다. 매일 들고 다니던 해가림 양산이 없으니 불편하기도 하고 따가운 햇볕을 피하기도 쉽지 않았다.

그날도 햇볕이 따가워서 양산이 있으면 좋겠다고 생각하던 날이었다. 괜히 혼자서 중얼대고 있는 나를 보고 의아해 물어보는 L선생님에게 양산에 대한 이야기를 하게 되었다. 몇 년 동안 정든 물건을 잃어버린 서운함을 털어놓으니 괜찮다며 나를 보고 빙그레 웃어주었다.

가만히 내 얘기를 듣고 있던 선생님이 어딘가로 가자며 내 손을 이끌었다. 영문도 모르고 따라간 곳은 시내 백화점이었다. 여러 매장을 지나 도착한 곳은 각양각색 양산을 파는 매장이었다. 의아해하는 나에게 선생님은 꽃무늬가 여기저기 그려진 양산을 하나 사 주셨다.

오래도록 쓰던 양산이 아까워 새것으로 안 샀던 것인데 일부러 내게 선물로 주시다니 어찌해야 좋을지 망설이고 있었다. 그러자 선생님은 특유의 온화한 미소로 나를 보며 "나도 누군가에게 선물로 받은 양산을 들고 다닌 지가 십년이 넘었다오. 항상 새것처럼 소중히 쓰고 다니는데 그 마음으로 그대에게 그냥 사 주고 싶네." 얼굴에 홍조를 띠며 차분하게 말씀하시는 모습에서 인자함이 느껴졌다.

자신이 받은 고마움을 나에게 다시 돌려주는 그 마음이 작은 파문을 일으키며 나에게 전해져왔다. 다른 사람에게 받은 호의를 되돌려 준다는 생각을 한 번도 해 보지 않고 살았는데 선생님에게서 진정한 베풂의 모습을 보았다. 뜻하지 않은 선물에 기분이 어찌나 좋던지 그날은 그냥 소담한 커피 한 잔으로 고마운 내 마음을 전했다.

양산을 쓰면 그늘을 걷는 것 같다고 했던가. 손으로 양산을 받쳐 들고 걷는 여인들의 모습은 소박하면서도 멋스럽다. 오늘은 L선생님에게 안부 전화라도 드려야겠다.

음악은 세상으로 통한다

해 질 녘 바람을 타고 잔잔한 피아노 선율이 흐른다. 모여든 사람들은 모두 눈을 감고 흐르는 음악에 가만히 귀를 기울이고 있다. 조그만 섬마을에 오랜만에 많은 사람이 모였다. 고국의 바다와 사람이 그리웠던 세계적인 피아니스트 백건우의 섬마을 콘서트가 열렸기 때문이다.

이번 콘서트는 북한의 포격으로 상처와 아픔을 간직한 연평도에서 출발하여 위도와 통영 욕지도에 이르는 열흘간의 일정으로 진행되었다. 영화배우 윤정희의 남편이기도 한 백건우는 오랜 외국 생활에서 항상 고국을 그리워했다고 한다. 바다와 사람, 고국의 아름다움을 함께 나누고픈 바람으로 섬마을 콘서트에 부부가 함께했다.

유명한 영화배우와 세계적인 피아니스트를 한 번도 가까이에서 본 적이 없는 섬마을 사람들은 그들을 눈앞에서 볼 수 있다는 사실 하나만으로도 가슴 설레었다. 이번 음악회를 보려고 일부러 섬을 찾아오는 사람들이 있을 정도여서 오랜만에 섬마을이 들썩거렸다.

공연을 위해 우선 공기 부양정으로 피아노를 옮겼다. 피아노가 자칫 습한 바닷바람에 제소리를 내지 못하게 될까 봐 걱정이 되었다. 더욱이 전용 콘서트홀이 아닌 야외에서 음악으로 청중을 설득하려면 연주자는 몇 배의 노력을 기울여야 했다. 피아노 조율 작업을 하고 음의 균형을 맞추고 완벽한 소리를 내기 위해 백건우의 연습이 공연 전까지 쉬지 않고 이어졌다.

드디어 공연이 있던 날은 바람의 기세가 만만찮았다. 바다 앞에서 사방으로 흩어질 피아노 소리가 제대로 들릴지 긴장이 되었지만 피아노 곁에 모인 많은 사람들을 위하여 백건우는 혼신의 힘을 기울여 공연을 시작했다. 첫 번째 곡인 쇼팽의 '뱃노래'가 파도 소리와 하나가 되어 울렸다. 술렁이던 분위기는 순간 숨죽인 듯 조용해졌다.

사람들은 세상에서 가장 편한 자세로 앉아 바다를 바라보며 눈과 귀를 열고 피아니스트의 연주에 빠져들었다. 베토벤의 피아노곡 중 가장 격렬한 곡인 '월광'이 시작되었을 땐 파도도 잠시 잔잔한 듯했고 격정적인 부분이 연주될 땐 모든 사람이 그 선율에 몰입되었다. 섬마을 사람들에게 이 음악이 어떤 느낌으로 다가갔을까 조금은 궁금하기도 했다.

이번 공연은 연주에 대한 사회자의 설명 없이 피아노 소리만으로 다양한 느낌을 전했다. 평생을 바다 위에서 고된 삶을 살았던 늙은 어부는 아무런 표정 없이 자신의 지난날을 돌이키듯 묵묵히 연주를 듣고 있었다. 삼삼오오 무리지어 앉은 아이들은 한 번도 가보지 않은 섬 밖 세상을 꿈꾸며 환하게 웃었다.
 "너무도 아름다운 공연이라서 보는 내내 눈물을 흘렸어요. 내 평생에 처음이자 마지막일 거예요. 감사합니다." 어느 아주머니의 말이다. 밭에서 캔 고구마를 삶아 와 백건우에게 전한 칠순의 할머니는 이해하기 어려운 곡이었지만 들으면서 행복했다고 말했다.
 클래식 음악이라는 장르를 한 번도 접해 보지 못한 섬마을 사람들과 그 섬을 찾아온 많은 사람에게 세계적인 피아니스트의 연주는 뜨거운 감동의 도가니였다. 공연이 끝난 후 사람들은 백건우에게 끝없는 감사의 박수를 보냈다. 곡명도 모르고 작곡가도 몰랐지만 아름다운 피아노 선율은 모두에게 음악이 주는 본연의 역할을 제대로 한 셈이다.
 클래식 음악은 지루하고 어렵게 느껴질 수 있다. 이번 콘서트는 여러 사람에게 어려운 클래식 음악을 편하고 쉽게 받아들이는 소중한 계기를 만들어 주었다. 우리는 항상 일상 속에서 수많은 음악을 접하며 살고 있다. 라디오에서 흘러나오는 대중가요를 흥얼거려 보기도 하고, 관중을 사로잡는 사물놀이의 징 소리에도 어깨를 들썩인다. 엄마 품속에서 아기들은 방긋 웃으며 동요를 듣고 있다. 음악은 사람의 마음을 안정시킨다. 그리고 심신이 아픈 사람에게는 치유의 수단이 되기도 한다.

음악은 소리로 전달하는 작은 세상이다. 음악은 세상으로 통한다. 바다를 바라보며 수많은 이에게 아름다운 선율을 들려준 피아니스트 백건우에게서 우리는 또 다른 세상을 보았다. 사람과 사람을 이어주는 작은 소통, 음악이야말로 우리 인생에 최고의 선물이 아닐까 싶다.

잔잔한 음악이 흐르듯이 인생을 그렇게 살고 싶다.

노년을 위한 변주곡

갑자기 탈이 나 버렸다. 몇 걸음 걷지도 못할 만큼 심한 허리통증이 몰려와 전날의 평온이 한순간에 무너져 버렸다.

자리에서 일어나기, 양치질하기, 옷 갈아입기, 화장실 가기 등 작고 사소한 것들도 누구의 도움을 받지 않으면 할 수 없는 상태가 되었다. 몸을 숙이지도 못할 만큼 엉거주춤해진 내 모습을 보면서 이대로 영영 못 움직이면 어쩌나 하는 불안감에 덜컥 겁이 났다.

잔병 없이 잘 살아왔는데 이제는 조금씩 고장이 나는 것일까. 가만히 있으면 나아지겠지 했는데 상태가 예상보다 심하다는 의사의 소견에 따라 간단한 시술을 받고 입원을 했다. 며칠만 있으면 일상생활을 다시 할 수 있다니 안도를 하면서도 내심 걱정이 되었다.

마침 내가 입원한 병실에는 다섯 분의 할머니들이 몸조리를 하고 있었다. 각자 다양한 증상으로 치료를 받고 있는 어르신들하고 며칠을 같이 보내게 되었는데 병실의 분위기는 내 몸처럼 무겁게 가라앉아 있었다. 몸이 아프면 마음도 아프다고 했던가. 달라진 환경에 적응하는 일부터가 쉽지 않았다. 할머니들은 저마다 사연 많은 주인공처럼 어둡고 가라앉은 모습으로 먼 곳만 응시하고 있었다.

내 옆자리에는 거동이 편치 않은 순자 할머니가 꼼짝없이 누워 있었다. 하루 종일 비스듬히 누워 잠만 자고 있는 모습이 꼭 아기새와 같았다. 어쩌다 일어나도 말 한마디 없다가도 아들만 오면 언제 그랬는가 싶게 살며시 미소를 지으며 이야기를 하곤 했다. 젊어서 남편을 잃고 아들과 딸을 두었다고 하더니 자식에 대한 애틋함이 남달랐다.

맞은편 침대에는 예순 중반의 옥이 할머니가 자리 잡고 가료 중이었다. 딸만 셋이라고 하는데 아들이 없어 늘 딸자식 뒷바라지하느라 평생을 보냈다고 했다. 남편이 돌아가자 가진 재산을 전부 딸들에게 주었더니 노년의 삶이 너무 핍박하다고 하소연을 했다. 작은 것 하나까지도 자식에게 구걸하듯이 얻어야 하는 자신의 모습이 한탄스럽다고 하면서 한숨을 쉬는 모습은 보는 이들의 안타까움을 자아냈다.

그 옆에 누운 선자 할머니는 평생을 농사일만 하고 살았다고 한다. 자기가 아니면 누가 집안을 일으키랴 싶어 죽기 살기로 일했는데 덕분에 집도 사고 땅도 샀지만 몸이 망가져버려 운신이 힘들다고 넋두리를 했다. 그래도 가족들이 알아주니 그나마 위안이 된다며 자신의 삶이 헛되지는 않았다고 웃음을 지었다.

우리 병실의 꽃이라고 불리는 영순 할머니는 어릴 때 보았던 만화에 나오는 호호 할머니를 닮았다. 작은 키에 쪽 찐 머리를 하고 방글방글 웃는 얼굴이 영락없는 호호 할머니의 모습이다. 만화 속 할머니는 늘 투덜대는 아저씨를 남편으로 두었지만 긍정의 마인드를 가지고 있어 당시에는 꽤 인기가 있었다.

영순 할머니는 언제나 활짝 웃는 얼굴로 자신이 살아온 세월을 조곤조곤 이야기하는 것을 좋아했다. 며칠 동안의 급작스런 변화로 내 기분은 가라앉을 대로 가라앉아 있었는데 영순 할머니의 수다가 우울한 내 마음을 조금은 밝게 만들어 주었다.

아픈 모습을 보이기 싫어 아무에게도 연락을 안 한 나와는 다르게 할머니를 보러 매일매일 병문안을 오는 사람들이 많았다. 그 연세에 어쩌면 그렇게도 찾아오는 사람들이 많은지 그들의 모습을 자꾸만 엿보게 되었다. 할머니는 평소처럼 방글방글 웃으며 면회객들과 재미있는 수다를 떨었다. 차분히 그들의 이야기를 들어주고 가만히 화답하기도 하고, 때로는 따뜻하게 손을 잡아 주면서 힘을 실어 주기도 했다.

아픈 환자가 사람들을 즐겁게 해 준다는 것이 쉬운 일이 아닌데도 밝게 대하는 모습이 예사로 보이지 않았다. 한가한 오후 할머니에게 물어보았다. "아프신 분이 어쩜 그렇게 밝고 즐겁게 지낼 수가 있는지 너무 부러워요"라고 말하는 내게 뜻밖의 답을 하는 할머니의 말에 놀라지 않을 수 없었다. "내가 이래도 성한 데가 없을 정도로 몸이 아파요. 몇 번의 수술을 거쳐서 온전한 곳이 없지만 그렇다고 세상이 끝난 것도 아닌데 우울해할 필요가 없더라고. 오히려 기분 좋게 지내니까 금방 나을 거 같은데" 할머니는 자신의 에너지는 마음에서 우러나온다고 말했다. 뭐든지 마음의 문제라고 말이다.

플라톤은 '육체의 눈이 쇠퇴하면 정신의 눈이 밝아진다'고 했다. 백세시대에 맞게 마음도 몸도 제대로 가꾸고 다듬으면서 살고 싶은 소망으로 하루를 맞이한다. 나는 훗날 어떤 모습으로 살고 있을지 행복한 노년의 삶을 생각해 본다.

지금 이 순간 열심히 살 수 있기를 빌어보는 보통의 아침이다. 지나고 보면 모든 것이 소중하지 않은 날이 없다. 앞으로 우리가 맞이할 노년의 모습은 어떤 빛으로 물들까.

영화 '원더'

R. J 팔라시오가 쓴 소설 〈아름다운 아이〉를 원작으로 하여 만들어진 영화 '원더'를 봤다. 헬멧을 쓴 아이가 포스터로 만들어져 관심을 끌었던 이 영화는 오랜만에 관객들에게 따뜻한 감동을 선사해 주었다.

주인공 '어기'는 안면기형을 가지고 태어났다. 열 살이 되기까지 27번의 수술을 거쳤지만 남들과 다른 얼굴 기형으로 집에서만 지낸다. 아빠와 엄마, 누나의 사랑을 받으면서 5학년까지 집에서 홈스쿨링을 하다 엄마의 권유로 용기를 내 학교에 가게 된다. 그러나 현실은 생각과는 다르다. 학교에서는 괴물 같다며 아무도 어기와 눈을 마주치지 않는다.

외톨이라고 생각했을 때 잭 윌이 친구가 되어준다. 둘은 친하게 지내는데 할로윈 데이에 어기가 없는 곳에서 잭 윌이 자기는 어기처럼 생겼으면 자살을 했을 거라고 이야기를 하는 걸 듣고 충격을 받는다.

이 영화는 어기만을 조명하지 않고 주변 인물들을 중심으로 서로의 입장을 대변하면서 이야기를 펼쳐나간다. 어기의 친구인 잭 윌은 학교에서 장학금을 받을 정도로 우등생이다. 엄마와 교감 선생님의 부탁으로 할 수 없이 어기와 친구로 지내지만 결국엔 진심이 닿아 진정한 친구가 된다.

비아 풀먼은 어기의 누나다. 부모님이 어기만 신경 쓰고 자신은 뒷전이어서 늘 관심을 받고 싶어 한다. 특별한 동생이 있어 항상 챙겨야 하고 양보해야 하기에 그녀는 겉으로는 말을 못 해도 심란하다. 동생을 아끼고 사랑하는 누나의 모습이 자연스럽게 이해가 되면서 관객에게 그녀의 입장이 되면 어떨까 물음을 던져준다.

비아의 친구 미란다는 아버지가 재혼하고 엄마와 단둘이 살고 있다. 친구 비아의 가족을 부러워하고 친구들에게 자기 가족인 것처럼 이야기한다. 죄책감에 비아를 멀리하게 되지만 학교 연극에서 아프다는 핑계를 대며 비아를 자신 대신 무대에 오르게 한다. 각자의 현실과 입장이 이 영화를 더욱 풍성하게 만들어 주고 있다.

'옳음과 친절함 중에서 하나를 선택해야 한다면, 친절함을 선택해라' 는 대사는 영화를 보고 나와서도 한참 여운을 준다. 우리는 가끔 어쩔 수 없이 거짓말보다는 옳은 말을 해야 할 때가 있는데 이상하게도 그럴 땐 관계가 소원해지곤 한다. 사람들이 듣고 싶어 하는 것이 친절한 말이란 걸 느낄 때마다 진정성이 무엇일까 하는 생각을 종종 해 본다.

이 영화는 다른 사람과 다르게 태어났지만 어린아이의 시선으로 풀어 나가는 과정을 통해 강렬한 메시지를 전하고 있다. 어른들이 보는 시선이 아닌 그들의 눈높이에서 남들에게 상처를 주거나 받은 사람들이 차별 없이 긍정적으로 기적을 만들어 가는 과정을 담아내고 있다.

낯선 상대에게 먼저 말을 걸어주고 편견을 버리는 순간 어기가 헬멧을 벗었듯이 다른 사람의 시선이 두렵고 피하고 싶을 땐 겁먹지 말고 정면으로 바라보는 용기가 필요하다는 것을 말해 준다.

우울할 것 같은 영화지만 서로 보듬어주며 배려하는 이들의 모습은 영화 제목처럼 놀라운 기적을 만들어 낸다. "어기의 얼굴은 변하지 않습니다. 그렇다면 우리의 시선을 바꿔야 하지 않을까요." 세상의 편견에 맞서 자신을 마주할 수 있는 용기를 보여주는 영화 '원더'는 그래서 사람들에게 큰 울림을 준다.

책을 정리하면서

집에 TV를 없애면서 거실을 서재처럼 만들었다. 책을 읽기 위해 책장을 만들어 놓으니 독서 공간으로 손색이 없다. 생각의 깊이를 가늠하는 지식의 창고인 책들이 거실 벽면을 가득 메우고 있어 세상 부러울 것이 없다.

어려서부터 책은 나에게 친구 같은 존재였다. 또래들보다 조금 일찍 성숙해진 내 몸과 자아를 달래줄 유일한 매체가 책이었으니 어디서건 내 손에는 책이 들려져 있었다. 가정 형편상 책을 사 본다는 건 사치였기에 용돈을 모아 책 한 권씩 읽고 모으는 일이 내게는 소중한 취미가 되었다. 책을 읽고 있으면 미지의 세계와 현실이 오버랩되어 상상의 나래를 펼치기도 했다.

같은 동네에 살던 친구 희숙이 집에는 책이 유달리 많았다. 희

숙이 아버지는 아예 전집을 사 줄 정도로 책에 대한 애정이 깊었다. 어쩌다 거기 있는 책을 빌려 오는 날은 세상을 다 가진 듯 행복한 기분에 젖었다. 추리 소설의 정석이라고 하는 셜록 홈즈 시리즈를 빌려 올 때는 이야기의 전개와 결말에 호기심이 가득 일었다. 기발한 추리 능력으로 영원히 미제로 남을 사건을 해결하다니 감탄을 자아낼 정도였다. 그때는 나도 언젠가 홈즈를 닮은 멋진 탐정이 되고 싶은 꿈을 꾸기도 했다.

끝없이 이어지던 나의 탐독은 직장 생활을 하면서 여유가 있을 때마다 무조건 책을 사도록 만들었다. 출퇴근하는 길목에 있던 서점이 내게는 사랑방이 되어 주었다. 시간 날 때마다 들르던 서점에서 인기를 끌던 베스트셀러를 사기도 하고, 신간이 나왔나 손꼽아 기다리기도 하면서 청춘의 한때를 보냈다.

결혼을 하고 혼수를 준비하면서 읽었던 책을 모두 챙겨 가져왔다. 유태 오천년의 지혜를 담은 《탈무드》에서부터 철학 서적과 에세이, 여행에 꼭 필요한 여행지침서 등 인문학 책들이 많아 다시 봐도 값진 것들이었다. 다행히 남편도 내 책을 놓아둘 공간을 만들어 줄 만큼 독서를 즐기는 사람이어서 한동안 나란히 앉아 같이 책을 읽었다.

아이들이 태어나기 전까지 여름휴가에는 집에서 며칠씩 먹고 자고 놀면서 책 읽기 삼매경에 빠졌다. 조선시대에는 젊은 문신들에게 특별 휴가를 주어 독서에 집중해 성과를 내도록 하는 사가독서賜

暇讀書 제도가 있었다고 한다. 업무를 잠시 쉬고 재충전을 하면서 자기 발전을 위한 시간을 가질 수 있도록 해 주었다니 그 시대에도 인재를 키우기 위한 진취적인 발상이 아니었을까. 배경이야 어떻든 책을 많이 읽고 정진하라는 뜻이었을 것이다.

햇살이 따뜻한 봄날, 거실 책장을 정리하기로 했다. 오랜 세월을 나와 함께 보냈던 책들을 조금씩 놓아주기로 마음먹었다. 그동안 내 손을 떠나지 못했던 책들이 자꾸만 늘어가니 여기저기 빈자리가 없을 정도가 되었다. 거실에서 방에서 혹은 베란다까지 책이 놓이다 보니 공간이 부족했다. 이 책은 이래서 안 되고 저 책은 저래서 안 되고 수도 없이 핑계를 대면서 껴안고 있던 책들이었다.

지인들이 보내준 책들은 정성이 가득해 놓아 주기도 아쉽지만 이 책을 좋아할 또 다른 누군가에게 보내기로 하니 마음이 가벼워졌다. 아이들이 보던 아동 서적과 소소한 내용을 담고 있는 다양한 책들은 종류별로 분류를 해 이웃 도서관에 기증하기로 했다. 책갈피 한 장 조심스럽게 아끼며 읽었던 책이 이제는 더 넓은 세상에서 많은 사람을 만나게 될 것이기에.

요즘 책은 더 이상 누구의 소유물이 아니라고 말하는 사람도 있지만 디지털 매체의 발달만큼이나 그 소장 가치는 높다는 생각이 든다. 종이책이 주는 매력에 빠져 보는 일이야말로 인생을 한층 살찌워주는 것이 아닐까. 손때가 묻은 빛바랜 영화 화집 한 권 책장에서 꺼내 읽어 본다.

인생사진

 누군가를 만나고 그 기억을 담아두는 '인생사진'을 찍는 일이 유행처럼 번져가고 있다. 그냥 아무 뜻 없이 찍는 사진보다 자기의 인생을 담는다는 것이 너무 매력적이어서 인기가 높아져 간다.
 요즘은 어디를 가든 남을 의식하지 않고 자신의 모습을 찍는 사람들을 심심찮게 만나게 된다. 이른바 셀프 샷을 찍기 위해 카메라를 이리저리 돌려 각도를 맞추고 자유로운 자세로 사진을 찍는 일은 더 이상 낯선 풍경이 아니다. 소소한 일상의 행복을 담는 일을 사진으로 대신하는 것이다.
 사진은 우리 일상의 매 순간을 기록해 두는 것이라는 의미를 담고 있다. 지나쳐 버릴 찰나의 순간을 한 컷의 사진에 담아 이름을 붙이는 작업이다. 자신만의 인생사진을 찍기 위해 조금이라도 이색

적인 장소를 찾는 사람들의 발길이 끝없이 이어지고 있다. 어디를 가든 시간과 공간은 자연스럽게 사진 속의 배경이 되어 준다.

인생 사진을 주제로 지상파 방송까지 편성되니 그 인기를 실감할 수 있다. 빅픽처 패밀리는 텔레비전에서 방송하는 프로그램이다. 빅픽처는 '다른 사람이 한눈에 보기 어려운 큰 그림'이라는 뜻을 지니고 있다. 우리에게 친숙한 연예인 네 남자가 통영의 동피랑 마을에서 일주일 동안 사진관을 운영한다. '살며, 찍고, 나누는 인생 샷'이라는 주제로 다양한 사람들의 인생사진을 직접 찍어주는 리얼 예능이다.

이들은 두 달 동안 틈틈이 시간을 내어 전문가에게 사진을 배우고 실력을 쌓는다. 디지털 사진부터 아날로그, 150년 사진 방식인 습식 사진 기법까지 전문가처럼 기술을 습득하여 다른 사람들의 인생 사진을 찍어준다. 항상 주인공으로 주목을 받다가 관객이 되어 남의 인생을 한 장의 사진에 담아 준다는 설정이 신선하다.

사진관을 찾아오는 이들의 이야기는 어쩌면 우리의 삶의 모습이다. 친구들과의 아름다운 우정을 담아 두기 위해 찾아온 여중생들은 생기발랄한 모습을 보여준다. 한국에 와 살면서 가족사진을 찍기 위해 찾아온 미국인 부부의 모습은 정겹기만 하다. 수능을 앞두고 증명사진을 찍으러 온 고3 수험생과 취업을 위해 같이 온 친구에게는 힘찬 응원을 보내 주게 된다.

통영을 배경으로 어디를 가든 카메라를 들이밀면 활짝 웃으며 포즈를 취해주는 사람들의 모습은 가까운 이웃처럼 반갑기만 하다. 시간이 지나면 사라지고 없지만 인생의 기록으로 남게 될 인생사진의 매력에 빠지게 되는 것은 어쩌면 자연스러운 일인지도 모르겠다.

거실 책상 위에 있는 낡은 액자가 눈에 들어온다. 십여 년 전에 다녀왔던 제주도 여행에서 아이들과 유채꽃밭에서 환하게 웃고 있는 사진이다. 주위가 온통 노란 꽃밭이니 사진 속의 시간은 언제나 봄이다.

사진 찍는 것을 좋아하지 않아 망설이면서도 참하게 폼을 잡은 모습이 정겨워 보인다. 빛이 바랬지만 아이들의 옛 모습을 볼 수 있어 내가 좋아하는 사진이다. 그 속에서 우리는 여전히 행복의 미소를 짓고 있고, 여행의 기분을 만끽하고 있다. 그때는 몰랐지만 추억은 결국 사진으로 남는다는 말이 가슴에 와 닿는다.

어색하고 불편했던 사진 찍기는 이제 누구의 전유물이 아닌 생활의 일부가 되어가고 있다. 디지털 카메라가 등장하면서 장소와 시간에 구애받지 않고 어디에서건 사진을 찍을 수 있으니 이제는 마음만 먹으면 자기의 모습을 순간순간 남겨둘 수 있다. 인생 사진은 그래서 자신을 위한 작은 선물이 되어준다.

누구도 대신할 수 없는 삶의 모습이 작은 프레임 안에 고스란히 들어 있으니 소중한 기록이다. 순간을 담는 것이기에 언제 보아도 진심이 묻어난다. 말이나 글로 대신할 수 없는 시간의 켜를 저장해 두는 최고의 장치가 사진이라고 하니 공감하지 않을 수 없다.

 돌아가신 부모님의 생전 모습이 담긴 앨범을 유품으로 소중하게 간직하고 있는 것은 어쩌면 흘러간 시간에 대한 그리움 때문인지도 모르겠다. 나는 옛 사진을 보면서 내가 지나온 시간들을 추억하고 바라보는 것이 좋다.

 지금을 담는 사진을 찍는다는 것은 새로운 시선으로 세상을 바라보는 시간 여행을 떠나는 것이다. 기억을 더듬는 일은 언제나 행복감을 안겨 준다.

절호의 타이밍

　얼마 전 친구가 새 아파트로 이사를 했다는 소식을 듣고 방문하게 되었다. 친구 집은 맨 꼭대기 층이어서 승강기를 타고 한참을 올라가야 했다. 좁은 공간 안에서 느낀 어색함이 두어 번 있었기에 사람들이 탈 때마다 가볍게 인사를 건넸다.
　인사라고 하기엔 가벼운 목례 정도였지만 사람들의 반응은 다양했다. 내 인사를 받고 별 반응 없이 그저 벽을 바라보며 묵묵부답인 사람도 있고, 환한 얼굴로 반갑다는 표정을 짓는 사람도 있어 잠깐의 침묵이 덜 지루하게 느껴졌다.
　내가 살고 있는 아파트는 나이가 드신 분도 계시지만 어린아이를 키우는 젊은 세대도 많이 살고 있다. 맞벌이하는 집은 물론이고 아이를 데리고 다니는 새댁들이 있어 오며 가며 얼굴을 마주하게 된다. 아이들은 부모의 모습을 보고 자란다고 하는데 부모가 인사를 하지 않는 집은 여지없이 아이들도 멀뚱하니 인사성이 없다.

　사람들의 무표정에서 오는 시선이 싫어 매일 오르내리는 승강기 안에서 만나기만 하면 습관적으로 내가 먼저 인사를 한다. 아이가 어리면 어린 대로 눈을 맞추고 반갑게 안부를 묻는다. "안녕." 밥을 잘 먹는가 보다." "옷이 예쁜 걸." 하며 관심을 보여주며 간단한 몇 마디를 해 준다. 자신의 옷과 모습에 신경을 써 주는 것이 신기한지 아이들은 머쓱해 웃기만 한다.

　한동안 반복되던 나의 인사에 아이들의 태도가 달라지기 시작했다. 남에게 관심을 받는다는 건 기분 좋은 일이라는 걸 아는지 만나기만 하면 쪼르르 달려와 먼저 웃으면서 아는 체를 하기 시작한다. 승강기를 내려 집으로 들어가면서도 잘 가라고 인사를 하니 나도 손을 흔들어 인사를 건넨다. 인사말 몇 마디에 사람 마음이 움직이다니 기분 좋은 변화가 아닐 수 없다.

　내가 자주 가는 밥집은 항상 사람들로 붐빈다. 규모가 작고 낡은 식당이지만 음식도 깔끔하고 맛이 좋아 단골로 찾아간 지 십여 년이 넘었다. 가게 안의 풍경은 여느 식당과 별반 다르지 않고 꾸밈없이 그저 소박하다.

　이 집만의 특별함이 있다면 주인을 비롯해 종업원이 모두 손님에게 밝게 인사를 한다는 것이다. 밥을 먹으려고 오는 사람들이 많다 보니 줄을 서서 대기를 해야 하지만 정겨운 인사 몇 마디가 긴 기다림을 힘들지 않게 해 준다. "많이 기다리셨죠? 금방 준비하겠습니다." 한 사람 한 사람을 반기며 챙기는 인사에 가게로 들어오는 사람들은 자신도 모르게 화답하듯 목례를 하게 된다. 잠깐 동안이지만 서로 웃으면서 나누는 반가운 교감이 서로의 기분을 좋게 해 준다. 이런 기분으로 밥을 먹으면 밥맛도 좋고 대접을 제대로 받는 느낌이 든다.

세상의 첫 학교라고 부르는 유치원에서는 아이들에게 두 손을 곱게 모으고 배꼽 인사를 하도록 교육을 한다. 어려서부터 자신을 낮추고 어른을 공경하도록 하는 인사에 대한 기본예절을 가르치는 것이다. 머릿속으로 계산을 하지 않고 정성스럽게 머리를 숙이며 인사를 하는 모습은 때 묻지 않은 동심을 만나게 해 준다. 누가 시키지 않아도 먼저 인사를 하는 꼬마들의 모습은 언제 봐도 사랑스럽고 귀엽다.

남들에게 먼저 말을 건네고 다가가기 위해 하는 인사가 어렵다고 말하는 사람도 있지만 '안녕하세요.' '반갑습니다.' 이렇게 간단한 몇 마디가 상대방을 즐겁게 해 주는 마법 같은 힘을 지니고 있다.

인사의 매력은 시간과 돈을 들이지 않더라도 남을 행복하게 해 준다는 것이다. 어색한 순간을 부드럽게 만들어 주는 절호의 타이밍, 그래서 인사를 자꾸 하고 싶어진다. '오늘도 멋진 하루 보내세요. 여러분!

작은 행복

 마산에서 제법 이름이 알려진 카페 브라운핸즈는 바다를 내려다보며 따뜻한 커피 한 잔을 마실 수 있는 곳이다.
 이곳은 예전에 버스 차고지와 정비소였던 곳을 업 사이클링 해서 만들었다는 이색 카페다. 우리에게 생소한 업 사이클링은 버려지는 물품에 디자인 등을 입혀 새로운 가치를 지닌 제품으로 재탄생시키는 것이라고 한다.
 브라운핸즈 카페는 얼핏 보아서는 낡은 건물만 보이지만 가까이 가 보면 기존의 틀을 보존하면서 변화를 시도해 호평을 받고 있다. 새로운 것만 추구하기보다는 오래된 것들이 주는 편안함이 있어 많은 사람들이 찾는다.
 카페 주위에 만들어 놓은 산책로에서 햇살 좋은 날 차 한 잔을 놓고 앉아 무료한 시간을 달랠 수 있어 좋다. 다른 사람 시선 따위는 신경 쓰지 않아도 되니 자유로운 분위기에 한껏 여유를 부려도 된다. 또한 야외 테라스에서 가족과 연인, 혹은 친구들과 마주 앉아 노천 카페의 기분을 만끽해도 제격이다.

'일하는 아버지의 손'이라는 뜻을 가지고 있는 손 그림의 로고와 건물 입구에 남아 있는 '안전제일'이라는 문구는 볼 때마다 정감이 간다. 새로움만을 추구하지 않고 기존의 틀을 살려서 그런지 오히려 색다른 느낌을 주고 있다. 커피를 마시기 위해 왔지만 건물 밖 외관에 자연스레 눈길을 주게 된다.

주위를 구경하며 카페로 들어서면 내부는 밖에서 보는 것보다 훨씬 넓다. 벽 쪽에 쓰인 "닦고 조이고 기름 치자"라고 쓰인 글자가 희미하게 옛 모습으로 남아 있어 여기가 버스정비소였다는 것을 보여 준다. 세월의 흔적이 희미하게 엿보여 멋스럽기까지 하다. 실내를 장식한 거대한 샹들리에는 어디에서도 볼 수 없는 작품이어서 한눈에 사람들의 시선을 끈다.

요즘은 화려한 외관과 실내 장식으로 꾸며진 커피 전문점들이 대세라지만 이렇게 꾸미지 않은 자연 그대로의 모습에 친근감이 든다. 나는 언제나 2층 창가에 자리를 잡고 앉는다. 바다가 잘 보이는 2층은 복잡한 시간을 피한다면 나를 위한 특별석이 되어 준다.

커피 한 잔을 시켜 놓고 여유롭게 앉아 쉴 수 있는 공간이다. 노트북을 펼쳐 놓고 이런저런 세상 이야기를 훑어보기도 하고, 바다를 바라보며 무심히 생각에 잠기기도 한다. 햇살이 맑은 날 오후, 야외 테라스에 앉아 돝섬으로 오가는 유람선을 보는 것도 즐거운 일이다.

언덕 위에 자리하고 있어 돝섬 선착장으로 드나드는 배와 사람들의 모습을 멀리서라도 볼 수 있으니 하얗게 물살을 가르며 지나는 배를 향해 손을 흔들어 주고 싶어진다. 푸른 바다를 품에 안듯이.

이곳이 사람들의 사랑을 받는 이유 중 하나는 어스름 해 질 녘에 오면 마산의 야경을 한눈에 볼 수 있다는 것이다. 조용한 바다는 도심을 수놓으며 화려한 불빛으로 빛나고, 어둠 속에서 희미하게 제 모습을 보이다 숨어버리곤 한다.

오래된 공간이 주는 편안함이 있어 자주 가게 되는 카페 브라운 핸즈. 시원한 바닷바람에 잠시 몸을 맡겨도 좋은 낭만의 장소다.

마음약방

　시간이 쏜살같이 달린다는 말이 실감이 날 정도로 바쁜 나날의 연속이다. 바쁘다는 말이 순간순간마다 튀어나오다니 몸도 마음도 지쳐가고 있는 것 같다. 이럴 땐 그냥 아무 일도 하지 않고 쉬기만 해도 좋으련만 생각처럼 쉽지가 않다.
　"힘들어요! 힘들어 죽겠어요!" 후배가 볼멘소리를 한다. 평소에 힘들다는 말을 잘하지 않는 그녀가 이런 표현을 했을 때는 그 상황이 이미 절정까지 이르렀다는 것이다. 그 말이 간절하게 구원을 호소하는 것처럼 느껴진다. 살면서 작고 사소한 것들로 인해 힘들기도 하고 상처를 받기도 한다. 누군가 자기의 말에 귀를 기울여주고 위로를 해 준다면 얼마나 좋을까.
　우리는 어쩌다 가끔 속이 더부룩하고 체했을 때는 민간요법으로 손톱 밑을 따기도 하고, 소화제도 먹고, 그래도 낫지 않을 때는 굶기도 한다. 속을 편하게 해 주는 방법이 빠른 치유라고 생각해 이런 저런 처방을 하게 된다. 갑갑한 속을 달래줄 약 한 봉지는 만병통치약이 되어 빠른 쾌유를 도와주는 것이다.

속이 아프면 약을 먹고 낫지만 마음이 체하고 아플 때는 어디로 가야 할까. 바쁘고 고단한 삶을 살아가야 하는 우리에게 작은 위로가 되어 줄 마음약방이 있다면 금방이라도 달려가 그에 맞는 약을 받고 싶어진다. 약방에서 아픈 증상만 말하면 처방에 따라 잘 낫는 약을 지어줄 테니 말이다.

서울문화재단에서 단돈 500원으로 처방받는 마음처방 자판기를 설치했다는 뉴스를 보았다. 마음을 치료해주는 작은 약국 '마음약방'이라니 그 이름만으로 절반은 치료가 되는 것 같다. 세대별로 분석을 통해 요즘 많은 사람이 겪고 있는 마음 증상 20가지를 진단하고 상처받은 마음을 위로해준다는 설정이 재미있다.

집 모양을 한 자판기에는 '마음, 어디가 어떻게 아프세요?'라고 적힌 입간판이 있어 눈길을 끈다. 분노조절장치, 상사병, 피터팬 증후군, 외톨이 바이러스, 상실후유증, 미래망막증, 의욕상실증 등 20가지 증상에 따른 처방전이 들어 있어 흥미롭다. 스토리가 있는 물품 상자 안에는 그림이나 영화, 테마 지도, 비타민, 초콜릿 등이 들어 있어 보고 있으면 한결 마음이 가볍고 행복해진다고 한다.

500원을 넣고 자기가 처방받고 싶은 증상번호를 누르면 그에 맞는 처방전이 나온다고 하니 문득 내가 원하는 처방은 무엇일까 생각해 본다. 지금 내가 가장 받고 싶은 것은 '의욕상실증 처방전'이다. 이 처방을 받은 사람들은 한결 기분이 좋아졌다고 말한다. 정성이 담긴 약상자를 열면 '오늘 하루는 힘드셨나요?' '당신의 마음에 작은 위로를 드립니다.'라고 쓰인 문구가 들어있다니 한번 받아 보고 싶어진다. 시장 산책길 지도와 손거울이 들어 있는 소박한 처방전에 절로 미소를 짓게 될 것 같다.

하루에도 몇 번씩 변하는 마음을 달래주고 위로해주는 마음약방 자판기는 그야말로 행복을 전해주는 행복자판기라는 생각이 든다. 살다 보면 자신의 힘으로 어쩔 수 없는 상황이 생길 때도 있는데 그런 순간, 결코 크거나 대단한 위로가 아닌 자기에게 맞는 약을 주니 모두에게 따뜻한 마음약방이 되어 주리라.

봄이 무르익고 있다. 내 마음에도 화사한 봄이 오고 있다. 세상일이 마음먹기에 달렸다지만 생각보다 쉽지 않은 것이 또한 마음먹는 일이다. 마음을 치유하고자 하는 것도 결국은 행복을 꿈꾸고 희망하는 것이 아닐까.

내 '마음약 처방'은 작고 사소한 것이지만 결국은 남을 위한 것이 아니라 나를 위한 작은 선물이 될 것 같다.

광려천 풍경

햇살이 가득 내린 광려천을 걷는다. 하천을 따라 길게 이어진 산책길에는 가는 봄을 아쉬워할 새도 없이 여기저기에 피어난 꽃들로 활기가 넘친다. 가끔 지나가는 차 소리의 경적만 들릴 뿐 주위가 조용해 도심 속 하천이라는 생각을 잠시 잊어버린다.

광려천은 몇 해 전 자연을 닮은 생태하천으로 새롭게 만들어져 도심 속 힐링로드가 되었다. 내서의 주산인 광려산 계곡에서 출발해 칠원면과 칠서면을 지나 낙동강에서 하나가 되는 광려천은 마을의 상징이다. 구불구불 흐르던 하천을 직선으로 바꾸다 보니 조금 인공적인 느낌이 들기는 하지만 개울 물소리를 들으며 걷기에 손색이 없다. 언제든 마음을 비우고 여유롭게 걸을 수 있어 내게는 사색의 길이 되어준다.

하천을 따라 자전거가 다니기 편한 자전거 길이 있고, 보행자를 위한 산책로도 따로 있다. 걷다가 지칠 때면 둑 위에 놓인 벤치에서 아래를 바라보며 쉬어가도 좋다. 5월엔 꽃향기가 날려 가슴이 설레기도 한다. 풋내로 함박 물든 개울 옆 길가에는 그림을 그린 듯 알록달록 예쁜 꽃들의 향연이 펼쳐진다.

이맘때면 저녁마다 혼자서 가볍게라도 걷지 않으면 못 견딜 만큼 광려천은 빨간 양귀비꽃이 수줍게 피어 반갑게 인사를 건네고 있다. 여름 코스모스라고 불리는 금계국이 어느새 노란 꽃물결을 만들어 놓아 소풍 나온 유치원생 꼬마들의 사진 속 배경이 되어 준다. 활짝 핀 꽃무리 앞에서 귀엽게 웃고 있는 아이들의 모습이 사랑스러워 몇 번이고 되돌아보고는 한다.

진한 꽃향기에 취해 도란도란 이야기를 나누며 걷는 사람들과 자전거를 타고 지나가는 아이들의 모습은 언제 봐도 정겹다. 자연과 어우러져 사람을 품고 흘러가는 하천은 이곳만이 간직하고 있는 풍경이다.

광려천에는 개울을 건너도록 만들어 놓은 돌다리와 나무로 만든 구름다리가 조화를 이루고 있다. 구름다리 위에서 내려다보는 하천은 느리게 굽이굽이 흐르고, 그 물길을 가로지르는 돌다리를 폴짝거리며 건널 수 있어 좋다. 물속을 가만히 들여다보다가 작은 물고기라도 만나면 예전에 찾아오던 해오라기들이 지금은 어디에 살고 있을까 궁금해지기도 한다.

자연 그대로의 모습이 아닌 인공의 하천이기에 사라지는 것들이 많아 안타까울 때가 많다. 사람들은 조금만 방해가 된다 싶으면 여지없이 없애버리려고 안달이다. 무성하게 자란 풀도 싹둑 시원하게 베어달라고 연일 아우성이지만, 정작 그런 것이 없으면 이 길이 얼마나 삭막할지 상상만으로도 허전할 것 같다. 가끔은 그냥 자연과 어울려 살아보는 것도 괜찮을 텐데.

이런저런 생각을 하며 걷다가 운동 나온 앳된 아가씨가 멈춰서 돌탑을 쌓고 있는 모습을 보고 섰다. 이 탑은 어딘지 어설퍼 보여도 자세히 보면 누군가 돌을 하나하나씩 쌓아 올린 것이라는 걸 알 수 있다. 언제부턴가 돌무더기를 그냥 우르르 가져다 놓은 것 같아 사람들의 시선을 모으고 있다.

지난여름에 다녀왔던 백담사 앞 무금천 돌탑이 생각났다. 장인의 손길은 아니더라도 예술 작품을 빚어 놓은 듯 옹기종기 모여 있는 탑들을 보고 감탄을 했던 기억이 떠올랐다. 크고 작은 돌들이 서로 몸을 의지하며 수천, 수만 개의 탑을 이루고 있는 모습은 절집을 찾아온 사람들에게 특별한 풍경이 되어 주었다.

도심을 가로지르는 작은 개여울, 광려천은 아름다운 꽃길을 가꾸려는 사람들이 '행복홀씨'가 되어 변함없이 이곳을 지키고 있다. 많은 것이 변했지만 영원히 우리들 곁에서 함께할 낭만의 장소가 되어 주기를 기대해 본다.

금계국이 내뿜는 은은한 국화향이 마을 앞 하천 위로 날린다. 오가는 사람들 마음에 아름다운 꽃 그림을 그려보라고 예쁜 꽃다발을 안겨주고 있다.

Part 3

엄마의 정원

　꽃과 나무를 키우는 일은 정성이 담겨 있어야 한다. 햇볕과 바람, 물 한 모금이 더해져 작은 우주를 만드는 것이다. 화초를 키우는 일은 마음을 키우고 자라게 하는 것이다. 사람도 마찬가지다. 함께 어울려 사는 세상 속에서 진심으로 마음을 다해 정성을 다한다면 오래도록 좋은 인연으로 남지 않을까. 작지만 소박한 우리 집 작은 정원에는 오늘도 햇살이 살랑살랑 봄바람 타고 놀러 왔다. 내 등 뒤에서 자꾸만 한들거리며 춤추고 있다. 그 옛날 엄마가 그랬듯이 나도 화초들에게 반가운 눈인사를 보내본다.

―〈엄마의 정원〉 중에서

감자꽃 필 때면

"싸고 맛있는 감자 사세요."

집 가까운 곳에 있는 농협 매장에서 감자를 싸게 판다는 광고를 며칠째 하고 있다. 장마가 시작되기 전에 사 놓으면 다양하게 요리를 해 먹을 수 있어 한 상자를 샀다. 튼실한 알맹이를 보니 금방이라도 삶아 먹고 싶어진다.

감자꽃이 필 때면 아버지 생각이 난다. 해마다 따뜻한 봄기운을 받으며 온 식구들이 텃밭에 감자를 심었다. 종자가 되는 씨감자를 4등분으로 잘라 싹을 틔워 이랑에 일정한 간격으로 심어두면 한 달 후 싹이 올라왔다. 하루가 다르게 자라난 줄기 끝에 감자꽃이 피기 시작했다.

흰색 감자꽃이 땅속의 알뿌리가 여물어가고 있다는 것을 알려주기라도 하듯 하늘을 등지고 아래를 바라보며 활짝 피었다. 화려하지는 않아도 자신을 봐 달라는 듯 수줍게 피어 있는 모습을 보는 것은 여간 반가운 일이 아니었다. 햇살을 받으며 자란 꽃이 예뻐 한참을 바라보고 있으면 어른들은 꽃은 필요 없다고 따 버려야 한다고 말하곤 했다.

 꽃보다 감자라며 영양분만 빨아먹는 꽃은 가차 없이 뚝 부러뜨려 따 버렸다. 감자꽃의 운명이 안쓰러워 하나씩 주워 모아 두기도 했지만 꽃들은 그냥 자신의 존재만 알리고 사라졌다. 알알이 달고 나올 감자의 환생을 기원하며 여지없이 떨어져 나갔다.

 아버지께서 돌아가신 그해 오월에도 감자꽃은 밭이랑을 물들이며 하얗게 피고 있었다. 급작스레 우리 곁을 떠난 아버지의 부재로 식구들은 물론 감자꽃도 의욕을 잃어갔다. 감자를 심어 둔 것조차 까맣게 잊어 버렸고 뒤늦게 수확한 열매는 부실해 몇 알 되지도 않았다. 그때 처음으로 식물도 사람도 관심과 사랑으로 자란다는 것을 알았다. 제대로 보살펴주고 정성을 들여야 원하는 만큼의 수확을 얻을 수 있다는 것을 말이다.

 아버지는 안 계셨지만 봄이면 씨감자를 심었고 튼실한 감자를 얻는 유월이면 고향 집 아랫방에는 굵고 실한 감자가 수북이 쌓여 있었다. 잘 자란 알토란같은 감자를 수확해 저장해 놓고 두고두고 먹고는 하였다. 나보다 열 살 위인 언니는 언제나 마당에 앉아 감자를 숟가락으로 북북 긁어 밥을 할 때 같이 쪄 주었다. 고슬고슬한 밥

위에서 잘 익은 감자를 들어내 먹으면 파삭한 그 맛에 반하지 않을 수 없었다.

하지 무렵에 나오는 감자를 하지 감자라고 불렀는데 무엇을 해 먹어도 맛이 좋았다. 깍두기 모양으로 썰어 간장에 조려 먹고, 채로 썰어 소금을 살짝 뿌려 볶아도 맛있었다. 밥을 하기 전에 감자를 살짝 얹어 쪄 먹으면 든든했다. 여러 방법으로 해 먹어도 맛있지만 뭐니 뭐니 해도 감자는 전을 부쳐 먹어야 제대로 먹는다고 할 수 있다. 강판에 쓱쓱 갈아 부쳐 먹는 감자전은 비 오는 날 꼭 먹고 싶은 음식이 되었다.

감자 위로 소금을 조금 뿌려주고 기다리면 포슬포슬하게 잘 익은 감자가 먹음직스럽다. 뜨거운 감자를 호호 불며 한입 물면 아버지의 인자한 미소가 아련하게 떠오른다.

감자꽃이 필 때면 알토란같은 자식들의 효도도 제대로 받아보지 못한 아버지가 그립다. 어찌하여 아버지는 꽃다운 시절 서둘러 생을 마감하셨을까. 가슴이 아프다.

엄마의 정원

 빨간 제라늄 꽃이 화분마다 탐스럽다. 그 꽃을 두 손으로 조심스럽게 감싸 안은 사진 속 엄마의 표정은 그 어느 때보다 행복해 보인다. '그대가 있어 행복합니다.' 제라늄의 꽃말을 생각할 때마다 엄마의 모습이 떠올라 나도 덩달아 기분이 좋아진다.
 강렬한 붉은색 때문일까. 여러 꽃 중에 단연 눈에 띄었던 제라늄을 엄마는 특히 아끼고 좋아했다. 특유의 향이 있어 만지기만 해도 화들짝 놀라던 그 꽃은 생명력이 강한 꽃답게 물만 잘 주면 일 년 내내 피고 졌다.
 꽃밭이 있던 우리 집 마당은 계절을 잊을 만큼 아름다운 정원으로 꾸며져 있었다. 마당 한쪽에 있던 장독대 앞에서 수선화 꽃이 피었다 지고, 감귤 나무 화분에 조그만 귤이 매달려 있을 땐 얼른 따

먹고 싶어 안달이 났다. 하지만 언제나 그랬듯이 제대로 익을 때까지 묵묵히 기다려야 하는 인내가 필요했다.

탐스럽게 핀 수국은 한 폭의 그림 같았다. 많은 종류의 선인장들이 뾰족한 가시 위로 빨갛고 하얀 꽃들을 피울 때면 온 동네 사람들이 그 꽃을 보러 놀러 오곤 했다. "어머나, 어쩜 이렇게도 예쁘게 화단을 가꾸셨대요." 감탄을 연발하는 사람들을 볼 때면 나는 괜스레 신이 나서 엄마와 그 사람들을 말없이 지켜보곤 했다.

고향 강릉에서 마산으로 이사를 오면서 많은 꽃과 화분들을 모두 이웃에게 나누어 주었다. 자식처럼 키우던 화초를 두고 오는 마음이 어땠을지 그 꽃들을 잘 길러보라고 몇 번이나 당부를 하던 엄마의 모습은 안쓰럽기까지 했다. 사랑과 정성을 쏟은 만큼 예쁘게 자라기를 바라는 마음이었을 테니.

마산에 와서 한동안 적응하기가 힘들기도 했지만 예전처럼 꽃밭을 가꾸면서 우리 집 마당은 다시 그 아름다운 정원의 모습을 조금씩 갖추어 갔다. 낡은 앨범 속 사진에서 활짝 핀 제라늄 꽃을 보며 웃고 있는 엄마의 모습이 내 기억의 저편에서 그리움으로 살아났다.

엄마는 매일 아침 일찍 화단에 물을 흠뻑 주고 나서 쪼그리고 앉아 그 꽃들과 소곤소곤 정겨운 이야기를 나누곤 했다. 꽃들과의 대화는 그때 엄마의 고단한 삶을 잠시 잊게 해 주는 즐거움이었음을 세월이 흐르고 나서야 깨달았다.

당신이 돌아가시고 없는 친정집에 갈 때면 그리움에 가슴이 시리다. 예전의 아름다운 풍경은 아니지만 마당에 피어 있던 꽃들과 나무들이 위로가 되어 준다. 그래도 지나간 시간을 추억할 공간이 있다는 사실이 얼마나 고마운지.

예전의 엄마가 그랬듯이 우리 집 베란다에도 작고 오래된 화분들이 많다. 마당 넓은 집은 아니어도 좁은 공간에 올망졸망 가지런히 잘 자라고 있다. 이름도 예쁜 사랑초가 날마다 수줍게 피고 지고, 화분마다 가득 제 식구들을 불리고 있다. 여기저기 사랑이 가득 피어나는 것 같다.

꽃과 나무를 키우는 일은 정성이 담겨 있어야 한다. 햇볕과 바람, 물 한 모금이 더해져 작은 우주를 만드는 것이다. 화초를 키우는 일은 마음을 키우고 자라게 하는 것이다. 사람도 마찬가지다. 함께 어울려 사는 세상 속에서 진심으로 마음을 다해 정성을 다한다면 오래도록 좋은 인연으로 남지 않을까.

작지만 소박한 우리 집 작은 정원에는 오늘도 햇살이 살랑살랑 봄바람 타고 놀러 왔다. 내 등 뒤에서 자꾸만 한들거리며 춤추고 있다. 그 옛날 엄마가 그랬듯이 나도 화초들에게 반가운 눈인사를 보내본다.

시간 선물

친구가 자작나무로 만든 병 모양의 자그마한 탁상시계를 선물로 주었다. 간결한 숫자 위로 분침과 시침이 나란히 교차하면서 시간을 전해주는 디자인이 깔끔하고 예쁘다. 시중에 파는 기성품이 아닌 손으로 직접 제작한 수제품이어서 그런지 정교한 멋이 느껴진다.

이 시계에는 '박귀영 시대'라는 글씨가 새겨져 있다. 수많은 문구 중에 하필 내 이름을 넣어 새겨주었을까? 어쩌면 항상 나를 응원하고 있다는 메시지를 담고 있는 건 아닌지 볼 때마다 미소를 짓게 된다. 자연을 담은 은은한 자작나무 향이 코끝으로 전해져 와 기분이 좋다.

그러고 보니 내가 처음으로 받았던 시계는 중학교를 졸업할 때 큰 오빠가 선물해 준 손목시계였다. 크지도 작지도 않은 적당한 크기의 동그란 유리알이 돋보이는 시계는 모양이 특이하고 귀여워 친구들이 마냥 부러워했다. 오빠는 무뚝뚝한 성격에 말이 없었지만 새롭게 시작하는 시간을 허투루 쓰지 말고 소중하게 잘 가꿔보라는 뜻으로 내게 시계를 사 준 것이라는 것을 나중에서야 알았다.

일 분 일 초를 다투고 나를 관리하는 시간의 전령으로 요긴하게 쓰였던 손목시계는 마치 내 몸의 일부처럼 왼쪽 손목에 항상 채워져 있었다. 어쩌다 급하게 나오느라 시계를 두고 나오는 날에는 습관적으로 왼손에 자꾸만 눈이 갔다. 시계가 없어서인지 아니면 시간을 확인하기 위해서인지는 몰랐지만 그런 날에는 왠지 마음이 허전하고는 했다.

어쩌다 시계를 벗지 않고 손을 씻어 속에 물이 들어가면 뿌옇게 변해버린 유리알 너머로 그래도 시간은 째깍째깍 잘 갔다. 방습이 안 되는 불편을 좀 덜어 보려고 방수가 되는 전자시계를 차보기도 했지만 왠지 인공의 느낌이 나 그다지 좋아하지는 않았다. 한 번도 틀린 적이 없이 정확한 시간을 알려 주던 내 손목시계는 그 후로도 아주 오랫동안 나와 함께했다.

다양한 시계가 세상의 시간을 전해 주던 그 시절, 우리 집에 놓여 있던 커다란 괘종시계는 정시가 되면 항상 댕댕 울리며 시간을 알려주었다. 무엇을 하다가도 괘종이 울리면 몇 시일까 잠시 귀를 기울였다. 이 괘종시계는 태엽을 감아야만 돌아가는 번거로움이 있었다. 시간이 멈춰버린 시계를 바라보며 당황하다가도 그런 날에는 벽에 세워둔 시계의 유리문을 열었다.

뒤에 있는 태엽 고리를 손목이 아프도록 계속 돌리면 이윽고 시계추가 왔다 갔다 하며 멈췄던 시간이 돌아왔다. 집 안에서 제일 큰 비중을 차지했던 괘종시계는 크고 묵직했지만 언제나 우리에게 일정한 시간을 알려주는 소임을 다했다. 시계는 하나의 물건에 지나지 않았지만 없어서는 안 될 필수품으로 우리에게 소중하게 대접을 받았다.

시간의 흐름에 따라 세상이 많이 변했다. 축하할 일이 있거나 기념일에는 꽃다발이나 좋아하는 물건을 사 주는 일이 많지만 언제부턴가 시계는 거추장스러운 물건이 되어 버렸다. 스마트폰 화면에서 바로바로 볼 수 있는 시계의 기능 때문인지 그 필요성을 못 느끼게 되었는지도 모르겠다.

시계를 선물로 받은 지가 참 오랜만인 것 같다. 친구의 선물은 나에게 잊고 있었던 추억의 시간을 만나게 해 주었다. 시계를 선물한다는 것은 그 시간을 함께하고 나누고 싶은 마음이 담겨 있는 것이 아닌지 가만히 생각해보는 일상의 아침이다.

짝

 오월이다. 앞다투어 피던 꽃들이 저마다 열매를 맺기 위해 푸른 잎을 피웠다. 완연한 봄기운을 느끼려고 지인들과 도시락을 싸 들고 가까운 공원으로 소풍을 갔다.

 호수 옆 작은 공원에는 마침 웨딩촬영이 한창 이어지고 있었다. 지나가는 사람들은 발걸음을 멈추고 이제 막 결혼을 준비하는 예비 신혼부부의 웨딩촬영을 흐뭇한 얼굴로 지켜보고 있다. 수줍은 듯 나란히 어깨를 기대고 활짝 웃고 있는 그들의 모습이 사랑스럽다.

 이 세상에서 오직 나만을 사랑해주고 모든 순간을 함께할 나의 짝을 만나는 일이 우리에겐 인생의 화두처럼 느껴진다. 낯선 두 남녀가 만나 새로운 인생을 펼쳐나가는 짝이 되어 결혼을 하고 새 출발을 하는 모습을 보면 응원을 해 주고 싶다.

결혼을 전제로 한 남녀의 만남은 실로 다양한 방법으로 이루어지고 있다. 자기만의 짝을 만나기 위해 많은 상대를 만나 보기도 하고 실패를 겪기도 한다. 나도 그랬다. 스물아홉이 넘도록 연애는커녕 미팅을 한 번도 해 본 적이 없었다. 집과 회사만 오가는 단순한 일상이 반복되던 날들이었다.

주위의 친구들과 나이 어린 후배들이 먼저 결혼을 하면서 슬슬 내가 나이를 먹는구나 하고 불안하기도 했지만 막상 내가 원하는 사람을 만나기란 쉽지가 않았다. 그러다 부모님의 권유로 지금의 남편을 맞선으로 만났다. 유난히 부끄럼이 많던 동갑내기 남편의 순수한 모습이 좋아서 배우자로 그를 선택하게 되었다. 모든 것을 다 만족할 수는 없었지만 그런 것은 별로 중요하지 않았다. 어차피 둘이 같이 만들어가는 세상일 테니.

털털하고 외향적인 내 성격과는 달리 소심하고 꼼꼼한 남편과 티격태격 싸움도 많이 하면서 오순도순 함께 이십사 년을 살았다. 그 사이 예쁘고 착한 딸과 듬직한 아들을 두었다. 무뚝뚝하고 잔정이 없는 남편에게 서운한 마음도 가끔 들었지만 그래도 딱 한 가지 누구에게도 없는 그만의 표현이 있어 소박한 행복을 느끼기도 했다.

그것은 바로 내 손톱을 남편이 직접 깎아주는 것이었다. 갓 결혼을 하고 신혼 시절부터 그랬으니 이제는 일상이 되었다. 처음에는 나를 위해 특별히 해 주는 이벤트 정도로 생각했다. 내가 억지로 해 달라고 한 것도 아닌데 그러지 않아도 된다고 몇 번을 거절하기도 했다.

　남편의 무릎 위로 내 손이 얹어지고 딸깍딸깍 손톱을 하나씩 다듬어갈 때 그의 모습은 너무나 경건했다. 온 정신을 집중하여 정성스럽게 손톱을 깎아주는 남편 때문에 내 손이 일주일에 한번은 세상에서 최고로 호강을 했다.

　"왜 지금까지 계속 거르지 않고 내 손톱을 깎아주는 거야?" 어느 날 남편에게 슬며시 물어보았다. "나를 위해 열심히 살아주는 당신이 고마워서 해 주는 거야." 지극히 당연하다는 대답에 살짝 웃음이 나왔다.

　우리가 한평생을 살면서 가장 기쁘고 축복받았을 때가 짝을 만났을 때라고 한다. 반려자를 만난다는 것은 남은 인생에 보너스를 받은 것과 같다고 했다. 호수 옆 공원에서 웨딩 촬영을 하고 있는 예비 신혼부부를 보면서 가만히 되물어 본다, "당신은 지금 소중한 짝을 위하여 무엇을 해 주고 있습니까?"

　오늘도 변함없이 남편은 내 손톱을 깎아주면서 행복한 미소를 짓는다.

우동 한 그릇

 마산 외곽에 있는 가포는 가로수가 이어져 있어 드라이브하기에 좋은 길이다. 벚나무 꽃길 따라 빨간 동백꽃이 어우러져 장관을 이루고 있어 인근에 사는 많은 이들이 찾아오는 곳이다.
 그 길을 달리다 보면 소담한 간판 하나가 눈에 들어오는데 그 이름부터가 낯익은 '우동 한 그릇'이다. 전 세계를 감동시킨 구리 료헤이의 단편소설과 이름이 같아서 그 앞을 지나갈 때마다 어김없이 눈길이 가곤 한다.
 따뜻한 국물이 생각나는 날 제일 먼저 떠오르는 음식이 무엇이냐고 물으면 나는 서슴지 않고 우동이라고 말한다. 그것은 음식이기 이전에 나에게는 추억과 그리움의 이름이기 때문이다.
 가끔 드라마에 나오는 포장마차나 고속도로 휴게소에서 우동을 먹는 모습은 언제 보아도 반갑다. 찌그러진 양은 냄비에 김이 모락모락 나던 가락우동은 멸치만으로 국물을 내어도 시원하고 담백한 맛이 난다. 얇은 어묵과 쑥갓을 면 위에 얹고 계란까지 하나 풀어주면 한 끼의 푸짐함을 누리기에 충분하다.

어머니는 생전에 누구보다 우동을 좋아하셨다. 일본에서 태어나서 유년 시절을 보내고 한국으로 와서일까. 맛있는 것을 사 드린다고 해도 늘 우동만 찾으셨다. 결혼한 딸네 집에 와서 유일하게 사 달라던 음식이었으니 어머니와 우동 한 그릇은 따뜻한 그리움으로 내 기억에 남아 있다.

늦은 나이에 결혼을 하고 바쁘게 사느라 그토록 좋아하시던 우동을 자주 사 드리지도 못했는데 어머니는 홀연히 저세상으로 가셨다. 어머니를 생각할 때마다 늘 바쁘다는 핑계로 마주 앉아 우동 한 그릇을 같이 먹지 못했던 지나간 날들 생각에 눈물이 났다. 지금 같으면 매일이라도 사 드릴 텐데….

봄비 오는 날, '우동 한 그릇' 가게에 간 것은 불현듯 어머니가 생각나서였다. 가게 입구에 붙어 있는 인사말이 정겹다. '오늘 인연은 우동 한 그릇이면 좋겠다'는 안내문이 주인의 소박한 마음을 느끼게 해 주었다. 평일이어서 그런지 사람들이 많지 않아 창가 쪽에 자리를 잡고 앉았다.

주문을 하고 기다리니 매화가 그려진 앞 접시를 놓아준다. 매화 꽃잎이 그려진 네모난 접시에 시가 새겨져 있다.

동풍이 불거든 향기를 전해다오 매화야
주인이 없더라도 봄을 잊지 말아라

봄은 가 버렸는데 이 작은 접시 안에서는 매화꽃 향기가 언제나 가득 실려 올 것만 같다. 어머니가 계시지 않아도 언제나 내 곁에 있는 것처럼.

가게 안을 찬찬히 둘러보니 《우동 한 그릇》 책이 다소곳이 놓여 있다. 이 책은 읽을 때마다 남을 위한 배려가 결코 쉬운 일이 아니라는 것을 느끼게 된다. 우동집 주인 내외의 배려와 나눔은 사랑으로 빛나고, 내가 아닌 남을 위한 베풂이 우동 한 그릇에 담겨 있다는 이야기는 몇 번을 읽어도 감동을 준다.

주위를 둘러보며 기다리는 사이 음식이 나왔다. 숙주와 쑥갓으로 고명을 얹고 갓 튀겨낸 닭다리 하나를 멋스럽게 올려놓았다. 닭튀김 우동이라니 색다른 모양만 봐도 입맛이 당겨졌다. 뜨거운 국물을 한입 떠먹어보니 그릇에 담긴 야채와 어우러진 깊고 진한 맛이 쫄깃한 면발과 더해져 먹으면 먹을수록 기분이 좋아졌다.

사람들에게는 저마다 좋아하는 음식이 하나씩은 있고, 그 음식에 담긴 추억도 있을 것이다. 그리운 마음을 달래준 우동 한 그릇은 나에게 소박하면서도 따뜻한 한 끼의 푸짐함을 전해 주었다.

오늘도 따뜻한 우동을 호호 불며 맛있게 드시던 어머니의 온기를 느껴본다.

편지 쓰는 시간

　책상 위를 정리하다가 책갈피 사이에서 낯익은 편지 한 통을 발견했다. "귀하고 고운 꽃 같은 우리 엄마, 영원히 오래오래 사세요."
　작은 분홍 봉투에 그려진 예쁜 꽃 그림, 굵은 연필로 꾹꾹 눌러 쓴 편지는 딸아이가 일곱 살 때에 내게 보낸 편지였다. 예쁘고 사랑스런 어린아이의 마음이 고스란히 담겨 있어 보는 내내 미소가 지어졌다. 글씨는 색이 바래 희미해졌지만 오히려 시간의 향기는 오래 누적되어 그대로 전해져 온다.
　딸아이는 글을 익히고 난 뒤부터 지금껏 내게 참 많은 편지를 썼다. 내가 아프다 싶으면 빠른 쾌유를 빌고, 해마다 생일에는 손수 그린 그림 편지로 나를 행복하게 해주었다. 말로 전할 수 없는 많은 자잘한 이야기들을 서툴지만 정성스럽게 적어 주곤 했다. 오랜만에 보는 손편지가 지나온 시간의 기억을 깨워 주었다.

우리 집 창고에는 여러 가지 물품들이 가지런히 정리되어 있다. 수북이 쌓인 많은 물건 중에 낡고 빛바랜 상자에는 편지 꾸러미가 들어 있다. 초등학교 때부터 지금까지 삼십여 년을 모아 온 소중한 보물 1호 편지 상자다. 그 속에는 장난꾸러기 남자친구들의 소박한 편지도 있고, 힘들다는 사춘기 시절과 학창 시절을 함께 보낸 친구들의 응원 편지도 있다. 존경하는 스승님에게 받은 감사의 편지도, 남편과 주고받았던 뜨거운 연애편지도 있다. 시댁 어른들께 쓴 편지, 아이 둘 키우면서 힘들 때마다 넋두리를 적어 보냈던 지인들과의 안부 편지들이 차곡차곡 잘 간직되어 있다.

몇 번의 이사를 거치면서도 언제나 내 품을 떠나지 않았던 그 편지 상자는 항상 그 자리에서 내게 지나온 시간을 돌아보게 만든다. 마음과 마음을 주고받는 편지, 그것은 말로 다 하지 못하는 마음속의 대화를 나누는 것이다. 떨리는 손으로 기다리던 편지를 뜯고 그 사람을 떠올리며 읽을 때 가슴이 따뜻해져 오던 일은 잊지 못할 추억이다. 한 장 한 장 다시 읽어 보면 정지한 시간이 되살아나 다시 내게로 오는 것 같다.

한 통의 편지에 우리네 삶이 진하게 녹아 있던 시절, 멀리 떠난 사람들을 그리워하며 날마다 소식을 전하고 기다리고, 기쁜 일도 슬픈 일도 몇 줄의 글로 소박하게 적어 보냈던 그때의 감동은 누구에게나 있었으리라.

언젠가 육군 모 부대 장병들이 자신들이 받은 위문편지에 정성을 담아 일일이 손편지로 답장을 보냈다는 신문 기사를 읽었다. 이제 막 군에 입대한 이등병들이 사랑 담긴 위문편지를 받고 자발적으로 답장을 써서 보낸 것에 초등학생들이 작은 감동을 받았다는 내용의 기사였다. 힘든 군 복무를 잠시나마 잊게 해준 고마운 편지에 답장을 보내면서 서로 마음을 주고받았다는 이야기는 많은 이들에게 그 시절의 기억을 떠올리게 했다.

인정과 사랑과 용서와 화해의 대본이었던 편지, 마음과 마음을 주고받는 손편지의 매력에 빠지지 않을 수 없다. 손으로 글을 써서 편지 봉투에 넣고 우표를 붙이고 우편배달부가 그 편지의 주인을 찾아 배달해 주면 우리는 행복을 선물 받게 되는 것이다.

우정사업본부에서는 해마다 편지 쓰기 대회를 연다. 최첨단 시대에 굳이 종이에 자신의 글로 편지쓰기 대회를 왜 하는가. 사람 간의 소통이 힘들어지는 시대에 살면서 한 통의 편지가 주는 인정과 사랑의 온기를 전하고자 하는 깊은 뜻이 담겨 있다. 치열하고 복잡한 우리들 삶을 좀 더 따뜻하고 온화하게 이끌어내기 위한 작은 시도인 것이다.

애틋한 손편지 한 통에 작고 소박하고 진솔한 삶의 이야기들을 부끄럼 없이 담아 보내보자. 아마도 그 편지를 받는 누군가는 지금 세상에서 가장 행복한 미소를 지을 것이다.

잊고 있었던 그리움의 조각을 펼치게 만든 딸아이에게 오늘은 나도 사랑의 마음을 담아 따뜻한 손편지 한 통을 써 보내야겠다. 마음을 나눌 사람이 세상 어딘가에 있다는 사실에 감사하면서.

그대, 행복을 꿈꾼다면

영화 보기를 좋아한다. 마음이 심란하거나 일상이 문득 단조롭다고 느낄 때 혼자서 영화를 보러 간다. 누구라도 같이 가 준다면 좋지만 굳이 동행이 없어도 보고 싶은 영화를 보는 재미는 상상 이상으로 좋다.

얼마 전 결혼하고 처음으로 시어머님을 모시고 영화를 보러 갔다. 고부간이라도 남달리 살뜰하기에 목욕이나 여행은 가끔 모시고 간 적이 있었지만, 영화 관람은 처음이었다. 천만 관객을 목전에 두고 있다는 영화를 선정하여 영화관으로 갔다. 영화를 좋아하는 나에게는 일상이지만 어머님에게는 특별한 일이 될 수도 있겠구나 하는 생각이 들었다.

올해로 팔순을 맞은 어머님은 평생을 농사만 짓고 사신 분이다.

날마다 가까운 밭에 나가 하루 종일 밭매고 잡초를 뽑고 소일하는 것이 일과다. 아버님이 살아 계실 때는 두 분이 나들이도 하시곤 했지만, 혼자 계시니 별다른 취미 없이 농사일만 하는 것을 낙으로 삼으며 살고 계신다. 거칠고 투박한 당신의 손만큼 질박한 삶의 무게가 그대로 느껴진다.

영화를 본 기억이 하도 오래돼서 기억에도 없다는 말씀을 들으니, 가슴 한쪽이 찡하다. 어쩌면 어머니 인생을 돌아보면, 영화 한 편 마음 놓고 볼 수 없을 만큼 사는 일이 힘들고 고달팠을지도 모른다. 오랜만에 며느리와 영화를 보기 위해 집을 나서는 어머니의 얼굴은, 수줍은 소녀처럼 발그레 상기되어 살짝 흥분되어 보이기까지 한다.

여름 극장가는 더위를 피하려고 모여든 사람들로 북적였다. 주위를 둘러보니 우리처럼 오붓한 고부지간의 모습은 보이지 않는다. 나이 지긋한 어른들의 모습도 볼 수 없을 만큼 젊은이들로 왁자지껄한 극장에서 어머니와 영화를 보는 것 자체가 감사할 일이다.

영화 상영을 기다리면서 어머니는 빠르게 변한 세상을 느끼고 계신 듯 감회가 새롭다는 표정을 짓고 계신다. 그동안 무심했던 내 마음을 들킨 것 같아 죄송한 마음이 자꾸만 든다.

드디어 영화가 시작되었다. 큰 화면 속에서 사건들이 꼬리를 물고 긴장감을 몰아가며 이야기가 펼쳐진다. 일제강점기를 배경으로 항일 운동을 하면서 목숨을 걸고 싸우는 독립투사들의 전투 장면이 이어진다. 총탄을 맞고 쓰러지는 배우들의 모습을 안타까워하는 어머니의 탄식이 흘러나온다.

"아이구 불쌍해서 우짜노." 영화에 한창 몰입을 하다 보니 마치 현실처럼 이어지던 어머니의 짧은 한마디에 살짝 웃음이 나온다. 바쁘게 살아온 당신이 이 순간만큼은 모두 잊고 잠시 휴식의 시간을 가지기를 바라는 마음이다.

오래전 내가 처음 극장에서 봤던 영화는 비비안 리와 클라크 케이블 주연의 '바람과 함께 사라지다'였다. 워낙에 유명한 영화라서 고등학교 2학년 때 학교에서 단체 관람을 했던 영화로 기억된다. 그때는 학교마다 단체로 영화를 보러 가는 일이 종종 있었다. 많은 학생이 극장에서 영화를 보는 일은 그다지 특별한 일은 아니었다. 처음 개봉을 하고도 오랜 시간이 지난 뒤에 다시 재상영을 두 번이나 할 만큼 대작이었다.

"이 세상에서 가장 행복한 사람은, 사랑하는 사람과 함께 있는 사람이다."라고 말했던 조셉 에디슨의 말이 생각난다. 학창시절에 처음으로 보았던 영화의 긴 여운처럼 오랜만에 느껴보는 이 설렘과 여운은 무엇일까.

어머님과 처음으로 영화를 보고 함께 시간을 보낸 시간이 내게는 너무나 소중한 기억으로 남을 것이다. 행복이 뭐 별거 있겠는가. 사랑하는 어머님의 손을 꼭 잡고 세상을 향해 나서는 지금 이 순간이 내게는 소담한 행복일 테니.

가족의 정을 나눌 수 있는 따뜻한 영화가 상영될 때마다 어머님을 모시고 영화관에 자주 들러야겠다. 살랑대는 바람과 한낮의 햇살이 따뜻한 봄날이다.

커피 단상

 나의 하루는 커피 원두를 핸드 드립으로 내려 마시는 일로 시작된다. 내리는 사람에 따라 맛이 달라진다는 드립 커피는 정성이 듬뿍 들어가야 된다. 얼마 전 해외여행을 다녀오면서 내 생각이 났다며 지인이 건네주던 예가체프는 부드럽고 산미가 있는 상큼한 향이 느껴진다.
 원두를 손으로 천천히 분쇄한 후 뜨거운 물을 부으면 부르르 거품이 끓어오른다. 잠시 한 템포 쉬었다가 다시 뜨거운 물을 두르면 드리퍼 아래로 조르르 커피의 향이 사방으로 퍼진다. 그 향을 음미하는 순간은 무엇과도 바꿀 수 없는 시간이다. 뜨거운 물속에서 자신의 전부를 내려놓는 커피의 매력에 빠지며 나도 어디엔가 나의 전부를 내려놓았던 날들이 있었는지 생각해본다.

지금처럼 쓰디쓴 커피를 좋아하게 된 것이 언제부터였을까. 정확히 기억이 나지는 않지만 커피를 즐겨 마시던 어머니의 영향 때문이 아니었나 싶다. 어머니는 날마다 같은 시간에 어김없이 달달한 커피 한 잔의 낭만을 즐겼다. 빨간 꽃무늬가 그려진 작은 찻잔에 한 스푼의 커피와 두 스푼의 프림, 세 스푼의 설탕을 넣고 적당하게 잘 저어 음미하듯 마시던 모습은 지금 생각해도 너무 멋졌다.

그 시절 어머니에게 따뜻한 커피 한 잔을 배달해주는 심부름은 언제나 나의 몫이었다. 설탕과 프림이 알맞게 믹스된 인스턴트커피의 달콤한 맛에 빠지지 않을 수 없었으니 그 시절을 떠올리게 하는 커피는 그래서 내게는 추억의 이름이 되었다. 낡은 자판기 앞에 있을 때면 습관처럼 300원짜리 커피 한 잔을 마시곤 했다. 악마의 유혹이라는 말이 결코 틀린 말이 아닌 것처럼 커피 향을 음미하는 순간만큼은 세상 부러울 것이 없었다. 일상 속 평범했던 순간이 커피 한 잔으로 특별해졌으니 그 시간 속에는 사람들과 나누던 따뜻한 삶의 이야기가 있었다.

라디오에서 흘러나오는 바흐의 '커피칸타타'를 듣는다. '음악의 아버지'로 불리는 바흐가 활동했던 시대에는 커피를 마시는 것이 유행이었다. 커피하우스가 생길 정도였으니 그 인기를 실감할 수 있다. 커피 홍보곡이었던 커피칸타타는 경쾌한 플룻 선율이 돋보이는 미니오페라 아리아다.

특히 소프라노 조수미가 부르는 '아 커피가 얼마나 달콤한지'는 밝고 경쾌해 몇 번을 듣고 싶어질 만큼 사랑스럽다. 음악이 시작되기 전 찻잔에 커피를 따르는 소리는 은은한 커피 향을 전해주는 것 같은 착각이 들게 한다. 소프라노 조수미의 아름다운 목소리가 이백여 년 전에 유행했던 커피 사랑을 그대로 들려주고 있다.

커피칸타타는 딸에게 커피를 많이 마시지 말라고 협박하는 아버지와 이를 거부하는 딸의 이야기다. 커피가 얼마나 달콤한지 그 맛을 노래하는 부분에서는 살짝 웃음이 나오기도 한다.

'커피는 수천 번의 키스보다 달콤하고 와인보다 부드러워요. 커피가 없으면 나를 기쁘게 할 방법이 없지요.' 아리아의 가사가 커피를 좋아하는 내 마음 같다. 전 세계 사람들이 가장 많이 마신다는 커피를 이처럼 완벽하게 표현한 곡은 없으리라. 바흐의 커피칸타타는 내 마음을 대변하듯 아름다운 아리아로 그 맛을 전하고 있다.

커피는 내 삶에 그리움과 설렘을 안겨준다. 오늘도 나는 따뜻한 커피 한 잔을 함께 마실 사람을 생각하면서 행복의 미소를 짓는다.

하면 된다

진료를 받으러 간 병원에서 무료로 '가훈 써주기' 행사를 하는 걸 보았다. 특별히 생각하는 가훈이 없는 사람들이 대다수인지 전시를 해 놓은 액자를 눈여겨보는 이들이 많았다.

가훈은 집안 어른이 그 자손에게 주는 한집안의 교훈을 이르는 말이다. 예전에는 집집마다 가훈이 하나씩은 있었다. 가족의 만사형통을 바라는 '가화만사성'이나 '진인사대천명' 같은 특별하고 거창한 문구가 대부분이었다. 어릴 때 우리 집 마루에도 가훈이 걸려 있었는데 그것은 '하면 된다'라고 쓰인 작은 액자였다.

이 문구는 평범하다 못해 촌스럽기까지 했지만 무슨 일이든 하기 전에 어떤 계산을 하지 말고 도전해 보라는 훈시를 담고 있었다. 집으로 들어오면 바로 정면에 있어 날마다 몇 번이고 보아야 했다. 그래서인지 도저히 안 될 것 같은 일도 마음을 굳게 믿고 해 보면 이룰 수 있다는 확신을 심어 주었다.

'하면 된다'는 이 말을 자꾸만 되뇌다 보면 자기 암시가 되었다. 어떤 일을 했을 때 한 번도 실패했다고 좌절하거나 실망하지 않았던 것도 이 믿음이 굳건했기 때문이다. 결과를 떠나 도전을 한다는 것 자체가 절반의 성공이라 믿었으니까.

'하면 된다'는 말의 위력을 실제로 보게 된 것은 부모님이 도심에서 조금 떨어진 시골에 집을 짓는 것을 본 뒤부터였다. 마을 한가운데 위치한 집은 넓지는 않았지만 낡고 오래되어 새로 지을 수밖에 없었다. 복잡하고 신경 쓸 일이 많았던 새집 짓기는 생각보다 어려움이 많았다. 경비를 조금이라도 절감하려는 목적도 있었지만 아버지는 손수 자신의 힘으로 집을 짓겠노라고 말씀하셔서 가족들의 걱정을 샀다.

예순이 넘은 연세에 직접 집을 지어보겠다는 의지도 놀라웠지만 어머니와 두 분의 추진력은 실로 대단했다. 당시는 시멘트 가격 폭등으로 품귀 현상까지 일어 건축 공사장마다 어려움을 겪던 시기였다. 하지만 부모님은 직접 공장에 찾아가 담판을 짓고 트럭 한가득 시멘트를 싣고 오는 진풍경을 만들어 냈다. 누구도 할 수 없는 대단한 일을 했다고 동네 사람들이 입을 모았다.

내·외부 공사에 전기, 수도까지 일부분을 제외하고는 거의 모든 곳에 아버지의 손길이 들어갔다. 꼬박 석 달을 땀으로 일궈낸 집에

문패를 달면서 모두가 그 기쁨을 함께 나누었다. 안 된다는 말을 하지 않고 하면 된다고 식구들이 응원을 해 준 결과였다. 아무것도 없던 무지의 땅에서 만들어 낸 작은 기적이라고 우리는 말하곤 했다.

'하면 된다.'는 말에는 긍정의 힘이 깃들어 있다. 나는 자라면서 한 번도 포기하거나 좌절하지 않았고 실패하더라도 끝까지 해 보는 끈기를 경험을 통해 배웠다. 남들보다 뒤처진다고 생각되면 늘 마음속으로 다짐했다. 하면 된다, 하면 된다 하면서 말이다.

밀가루로 만든 가짜 약을 주고 특효약이라고 말하면 환자는 그 약이 병을 낫게 한다고 믿는 '플라시보 효과'처럼 모든 일은 마음에서 비롯된다. 하면 된다는 간단명료한 말 속에 멋지게 다시 도전해 보라는 깊은 뜻이 담겨 있음을 오랜 시간이 흐른 지금 다시 깨닫는다.

반짇고리

내게는 이십 년이 넘은 반짇고리가 있다. 알록달록한 헝겊이 조각조각 이어져 있는 타원형 반짇고리는 손바느질하기에 알맞은 재료들이 오밀조밀 알차게 들어 있다. 여자들의 결혼 필수품이었던 반짇고리는 한번 장만하면 평생을 쓸 만큼 요긴하게 쓰인다.

뚜껑을 열면 형형색색의 실이 실타래에 감겨 있고, 크고 작은 바늘이 볼록한 바늘쌈에 꽂혀 있다. 자투리 천들과 가위, 골무는 구색을 맞추듯 가지런히 들어 있다. 자주 쓰지는 않지만 내가 아끼는 골무는 가죽으로 되어 있어 엄지손가락에 끼면 꼭 맞아 사용하기가 좋다. 바늘에 손이 찔리지 않도록 만들어져 두꺼운 소재의 옷을 바느질할 때 필요하다.

요즘은 웬만해선 수선가게에 다 맡겨 버리기 때문에 바느질을 따로 할 필요가 없지만 그래도 한 땀씩 바느질한 옷은 입을수록 정성이 깃들어 의미가 있다. 무엇이든 손만 댔다 하면 뚝딱 잘 만들던 어머니의 바느질 솜씨는 누구도 따라올 수 없었다. 바느질을 생활의 수단으로 삼지는 않았지만 아버지와 우리들 옷을 만들어 준 덕분에 우리 가족은 늘 깨끗하고 단정한 맵시로 살았다.

 어머니는 바느질을 하기 전에 바늘을 잡고 머리에 쓱 한번 문질러 보곤 하였다. 그것은 당신이 본격적으로 바느질을 한다는 걸 미리 보여주는 경건한 의식 같았다. 특히 때 묻은 이불 홑청을 뜯어 빨았다가 풀을 먹여 까슬까슬하게 말려 손바느질로 정갈하게 깁는 모습은 언제 봐도 멋있었다. 말린 홑청을 방바닥에 깔고 솜을 올려놓고 위에 네 부분이 같도록 끝을 맞추면 처음처럼 모양이 잡혔다. 마지막으로 네 귀를 세모로 접어 굵은 바늘로 한 땀씩 꿰매면 완성이 되었다. 그런 날에는 폭신한 이불 위에서 장난을 치며 뒹굴다 잠이 들곤 했다.

 손재주는 타고나는 것이라는 생각을 하게 된 건 고등학교에 다니면서였다. 가정 시간에 허리에 잔주름을 잡은 개더스커트를 만들거나 방석에 자수를 놓는 수업은 곤욕을 치를 정도로 힘이 들었다. 바느질을 싫어하기도 했지만 무엇보다 만들고 나서 보면 모양새가 영 어설프고 엉성해 보여 남들 앞에 내놓기가 부끄러웠다. 손으로 만드는 건 뭐든지 볼품이 없었지만 그래도 만들고 보면 하나를 완성했다는 뿌듯함이 있었다.

결혼을 하고 태어날 아이를 위해 처음으로 배냇저고리를 만들었다. 옷감 가게에 가서 천을 사고, 본을 떠 바느질을 시작했지만 막상 해 보니 쉽지가 않았다. 몇 번을 물어가며 며칠을 꼬박 만들고 나니 비뚤한 바늘땀도 예뻐 보였다. 그렇게 완성한 배냇저고리는 아이의 해맑은 웃음을 담고 곱게 입혔다. 반짇고리를 챙겨 보내주던 어머니 생각이 나서 눈시울이 붉어졌다.

바느질로 만든 것은 모양이 예쁘고 멋스러워야 한다는 생각을 바꾸게 만든 배냇저고리의 완성 이후 손바느질에 재미를 붙이게 되었다. 남편의 바짓단을 접어 올려야 할 일이 생길 때마다 한 땀 한 땀 정성을 들여 깁다 보니 감쪽같이 수선이 되었다. 굳이 동네 수선가게를 가지 않아도 해진 옷을 깁거나 떨어진 단추를 다는 일은 거뜬히 해냈다.

바느질은 나이가 있는 우리 세대는 익숙해도 젊은 사람들에게는 생소할 수도 있겠구나 하는 생각을 한다. 요즘은 바느질을 불편해 하는 사람들이 많지만 나는 그래도 손때 묻은 반짇고리를 꺼내 바늘을 잡고 꿰매는 일이 좋다.

반짇고리는 오랜 세월 동안 내 곁에서 자신의 본분을 다하며 묵묵히 기다려 주었으니 고맙기만 하다. 나의 반짇고리는 아련한 추억을 담고 오늘도 자기만의 이야기를 만들어 간다.

홍시

아래층 새댁이 놀러 왔다. 둥근 접시에 잘 익은 홍시를 담아 와 먹어보라고 건넨다. 수줍은 미소로 살짝 웃고 있는 그녀의 발그레한 볼이 홍시와 닮았다. 집에도 따 온 감이 있다고 하기에는 그녀의 마음이 따뜻하고 예뻐서 얼른 받아들었다.

찬바람이 불고 적적한 겨울이 오면 따뜻한 아랫목에 앉아 먹던 홍시는 누가 뭐라고 해도 한겨울 최고의 간식이었다. 달콤한 홍시를 먹을 생각에 이제나저제나 기다리던 시간들, 시골에서는 흔한 감이지만 도시에서 맛보는 가을 맛으로는 이만한 것이 없었다.

홍시는 다양한 방법으로 먹을 수 있었다. 발갛게 잘 익은 감을 반으로 잘라 한 번에 베어 먹으면 손에 묻지 않아서 먹기에도 편했다. 감꼭지를 떼어내고 숟가락으로 떠먹으면 달콤한 과육이 입안에서 살살 녹았다. 적당히 잘 익은 감을 얼려 두고 이듬해 여름에 꺼내 먹으면 웬만한 빙수보다 달고 맛이 깊었다. 얇은 껍질을 조심스럽게 벗겨 먹다보면 단맛의 유혹에 자꾸만 빠져들었다.

결혼을 하고 집에서 10분 거리에 있는 논을 밭으로 일구면서 감나무를 심었다. 어린 감나무가 언제 자라서 맛있는 감을 따 먹을까 싶었지만 몇 해 지나지 않아 주렁주렁 열리기 시작했다. 높이가 낮은 나무부터 손이 닿지 않는 키 큰 대봉감까지 감을 따는 일은 가을걷이의 기쁨을 안겨 주었다.

주말을 맞아 남편과 감을 따러 갔다. 굵은 가지 등걸마다 환하게 전구를 밝힌 듯 잘 익은 감은 탐스러웠다. 망태를 어깨에 메고 손을 뻗어 감을 따기 시작하니 실한 감들이 하나둘씩 쌓여 금방 상자가 풍성해졌다. 힘이 들더라도 손이 닿지 않는 높은 가지의 감은 긴 장대를 이용해서 땄다.

요즘은 감 따는 기구들이 시중에 다양하게 나와 있다지만 늘 하던 대로 장대 끝을 십자 모양으로 잘랐다. 위로 뻗어 있는 감나무 가지를 살살 돌려 비틀면 탐스런 감이 내려와 내 손에 안겼다. 아무렇게나 막 따도 되지만 오래 두고 먹으려면 상처가 나지 않게 신경을 써야 했다.

어쩌다 바닥에 감들이 떨어져 있어도 잘 담아두었다 깎아 말리면 쫀득한 감말랭이를 해서 먹을 수 있으니 그대로 좋았다. 감들이 소담하게 하나둘씩 상자에 담기면 머잖아 먹게 될 홍시 생각에 절로 미소가 지어졌다. 감이 익으니 감나무는 보이지 않고 온통 감들만 내 눈에 들어왔다.

고개를 젖히고 올려다본 하늘 위엔 붉은 홍시가 점점이 매달려 그림 같다. 파란 하늘과 어우러져 발갛게 잘 익은 홍시 하나를 따서 먹는다는 것은 무엇과도 바꿀 수 없는 행복이다. 그것은 기다릴 줄 아는 사람에게만 주어지는 작고 특별한 선물이다. 늦가을 감나무 아래에서 먹는 홍시는 언제 먹어도 맛이 있다.

Part 4

백담사 돌탑

그래, 간절하면 이루어진다는 소원의 탑이다. 잠시 자리를 잡고 앉아 하나, 둘, 셋, 조심스럽게 돌 하나씩을 얹어본다. 행여나 넘어질까 봐 두 손으로 꼭 누르고 마음속으로 소원을 슬쩍 내밀어본다. 이럴 땐 누구의 눈치를 볼 필요도 없다. 돌탑은 정성과 소원을 쌓는 일이다. 어떤 조형예술보다도 아름다운 미완의 예술이다. 여름 장마가 오면 흔적도 없이 사라질 무금천 돌탑은 바람을 안고 오늘도 이곳을 찾아올 사람들을 하염없이 기다리고 있으리라.

—〈백담사 돌탑〉 중에서

맨발로 걷는 길

얼마 전 읽었던 다비드 르 브르통이 쓴 《걷기예찬》은 말 그대로 걸으면서 자유롭게 즐기는 것이 긴 여행의 시작이라고 이야기한다. "걷는 것은 자신을 세계로 열어 놓는 것이다. 발로, 다리로, 몸으로 걸으면서 인간은 자연의 실존에 대한 행복한 감정을 되찾는다."라고 말이다.

평소에 걸을 일이 별로 없는 나에게 화두를 던지듯 제대로 한번 걸어보라고 물음을 던져 준 이 책이 나를 세상 밖으로 나가보도록 만들었다. 오래전 몇 번 와 봤지만 그냥 예사로 보고 갔던 문경새재에 발길을 들여놓은 건 우연이 아니었다.

과거와 현재가 하나의 길로 이어져 있는 문경새재는 흙길로 되어 있어 꼭 가보고 싶었던 길이었다. '경사스런 소식을 듣는 곳'이라는 문경은 언제 가 봐도 예스러움이 묻어나는 곳이다. 영남에서 한양으로 가는 가장 빠른 길이었다는 이 길을 옛사람들의 마음으로 걸어본다는 것은 또 다른 설렘을 안겨주었다. 옛길의 매력은 전 구간이 평평한 흙길로 되어 있어 나같이 평소에 잘 걷지 않던 사람들도 부담 없이 걷도록 해 준다는 것이다.

영주 '죽령', 영동 '추풍령'과 함께 조선시대 3대 고갯길이었던 문경새재는 문경에서 시작하는 1관문부터 조령 2관문, 그리고 3관문까지 이어져 있다. 전 구간을 완주할 수 있을지 여행자의 마음으로 걸어보기로 했다. 주차장을 벗어나 한참을 걷다 보면 새재 옛길 입구에 있는 옛길박물관이 나온다.

나그네들의 괴나리봇짐 속엔 요즘처럼 편리하지는 않아도 긴 여정에 필수품이었던 작고 앙증맞은 옛 물건들이 전시되어 있다. 대중교통이 없던 시대에 나침반과 지도, 그리고 좁쌀책까지 자신들의 소지품을 들고 오로지 앞만 보고 걸었을 그들의 삶을 엿보는 재미가 있다.

'영남제일관'이라고 쓰인 주흘관은 옛 모습 그대로 잘 보존이 되어 있어 새재 길로 가는 출발지임을 알려준다. 적당한 나무 밑에 신발을 넣어 두고 맨발로 걷기 시작했다. 등산화를 신은 사람들 사이에서 나처럼 맨발로 걷는 사람은 거의 찾아볼 수가 없다. 말이 맨발이지 모두들 푹신한 신발에 의존해 평소처럼 걸어갔다 올 모양이다.

딱딱하고 차가운 땅의 기운이 발바닥으로 전해온다. 잔돌이 발을 아프게 하니 걸음을 옮기기가 쉽지 않다. 흙길의 감촉을 느껴보는 것은 정말이지 오랜만에 느껴보는 기분 좋은 경험이다. 여기서는 남의 시선을 신경 쓰지 않아도 되니 천천히 여유를 부려볼 참이다.

어렸을 때는 흙을 늘 가까이하며 자랐다. 뽀얗게 날리는 흙먼지를 뒤집어쓰면서도 흙을 만지고 놀았는데 지금은 일부러 찾아가야 하다니 아쉽기만 하다. 도심에서 살다 보니 언제부터인지 몰라도 조금만 흙이 묻어도 털어내기가 바쁘다. 깔끔하게 산다는 핑계지만 어쩌면 자연을 자꾸만 멀리하게 만들었는지도 모르겠다. 모처럼 흙길을 걸으니 전에 없던 욕심이 생겨나 자꾸만 앞만 보고 내달리게 된다.

제2관문인 조곡관으로 가는 길은 내가 좋아하는 숲길로 이어져 있어 고즈넉한 정취를 느낄 수 있다. 발은 여전히 아프지만 잔돌의 감촉이 나쁘지는 않다. 걸으면 걸을수록 맨발이 편하게 느껴지는 걸 보니 이번 여행은 맨발의 여행이라고 이름을 지어야겠다.

조금 걷다 보니 옛 선비들의 쉼터였을 정자가 나온다. 한양으로 향했을 선비들도 이곳에서 잠시 쉬어 갔을 테니 과거와 현재의 시간이 한자리에 머무는 것 같다. 화끈거리는 발바닥의 열기를 식힐 겸 나도 잠시 쉬어 가기로 한다. 계곡의 물소리와 선선한 바람, 새재 길에서 누구의 방해도 받지 않고 온전히 자신에게 집중할 수 있는 시간이다.

수백 년의 시간을 따라 타박타박 걷고 사색하는 이 순간이 내게는 자기와 마주할 수 있는 시간이다. 무엇을 위해 그리도 바쁘게 살아왔을까. 걷기에 몰두하다 보니 이제야 미처 보지 못한 것들이 온전하게 내 눈에 들어온다. 작고 사소한 것들 모두 소중하지 않은 것이 없다.

옛길을 걷는 일은 참 멋스럽다. 잣나무, 박달나무, 층층나무, 굴참나무, 전나무, 소나무 등 다양한 나무들이 울창하게 뻗어 있어 그동안 잊고 있었던 자연을 만나게 해 준다. 숲길 옆으로 흐르는 잔잔한 개울물 소리는 내게 아주 특별한 선물을 주는 것 같다.

걸어야만 보이는 것들이 있다. 온전하게 하루 24시간을 나를 위해 마음을 비우며 천천히 걷는 일. 진정한 걷기의 진수는 맨발로 걷는 것이리라.

사랑은 어디에 있을까

긴린코호수는 일본 오이타현의 작은 호수다. 연못과 숲이 아름다워 찾아오는 사람들의 발길이 이어지는 곳이다. 호수의 물이 맑아 가만히 바라보고만 있어도 그 정취에 취하게 된다.

호수로 가는 길에는 소박한 가게들이 줄지어 있고, 아기자기하게 꾸며진 소품들을 길가에 늘어놓아 눈요기하는 재미도 제법 쏠쏠하다. '물고기의 비늘이 석양에 비칠 때면 금색으로 빛난다'는 이름을 지니고 있는 이곳은 유후인(由布院)의 상징이기도 하다. 이른 아침이면 물안개가 피어 몽환적이라고 할 만큼 아름답다고 하니 언젠가는 그 풍광도 한번 보고 싶어진다.

초겨울이지만 건너편 산 위에 드리운 나무들의 그림자가 물 위에 그림처럼 비추이니 운치를 더해 준다. 2박 3일의 일본 여행은 바쁜 일정으로 정신없이 지나가고 있지만 그래도 잠시 쉬어가는 휴식이 주어진다.

  호수의 정경을 한참 바라보고 있으니 이번 여행의 인솔자인 가이드가 내게 다가와 한쪽에 웅크리고 있는 기러기 한 마리를 가리키며 말한다. "저기 기러기를 한번 보세요. 십 년이 넘도록 이 호수에서 암·수 두 마리가 짝으로 살다가 지난해 암컷이 죽자 그때부터 한곳에 저렇게 자리를 잡고 앉아 있대요." 나직이 속삭이듯 이야기를 하는 인솔자의 말을 듣고 있으니 지고지순한 사랑이 있구나 하는 생각이 든다.

  길 가장자리에 앉아 머리를 가슴에 묻고 미동도 없이 앉아 있는 기러기는 일부러 눈여겨 쳐다보지 않으면 그냥 지나쳤을 자리에 있다. 관광을 오는 사람들은 그들이 기러기인지 오리인지 대수롭지 않게 지나가 버리지만 서로를 챙기고 보듬으며 이 호수에서 살았다고 한다. 짝을 잃고 졸지에 혼자 남겨진 수컷은 그 시간을 그리워하며 저렇게 한자리에서 화석처럼 있다니 그 모습을 보는 마음이 안쓰럽다. 비가 오거나 바람이 불거나 오롯이 떠나버린 짝을 생각하며 그곳을 지키는 기러기는 서로 의지하고 지내는 동안 그 정이 얼마나 깊었을까.

  우리 집 화장대 위에 있는 한 쌍의 기러기 목각 인형이 생각난다. 이십여 년 전에 결혼 선물로 받았는데 부부의 금슬을 좋게 한다는 의미가 있어 소중하게 간직하고 있는 애장품이다. 기러기 두 마리가 나란히 몸을 기대고 앉아 서로 같은 곳을 바라보고 있으니 그 시선이 닿는 곳은 한결같다.

  기러기 목각 인형은 신랑 신부를 상징하듯 암수의 부리를 붉고

파랗게 칠해 홍과 청이 잘 어우러져 있다. 나무 고유의 결을 살려 깃털까지 세밀하게 조각한 무늬 하나하나에 색을 입히고 덧칠을 해 놓아 만든 이의 정성이 담겨 있다. 결코 화려하지 않으면서도 은근한 멋이 느껴지는 이 목각은 시간이 흘러도 변함없이 한곳을 바라보며 앉아 있다.

한 번 짝을 맺으면 죽을 때까지 인연을 이어간다는 기러기는 사랑의 약속을 영원히 지키는 새로 알려져 있다. 짝을 잃으면 다른 짝을 찾지 않고 홀로 지낸다고 하니 애틋한 부부간의 사랑을 일깨워 주곤 한다. 전통 결혼식에서 기러기 목각을 들고 들어가는 것은 기러기가 지니고 있는 짝에 대한 믿음과 절개를 보여 주는 것이다.

나는 가끔 결혼식에서 예식을 볼 때마다 사랑으로 빛나는 예비부부들을 유심히 바라보게 된다. 많은 사람들의 축복을 받으며 첫발을 내딛는 그들의 모습은 어느 때보다 아름다워 보는 이들의 마음까지도 사랑의 빛으로 물들인다. 누구라도 그 순간만큼은 사랑의 지지자가 되어 오래도록 변하지 않고 행복하게 잘 살도록 응원해 주게 된다.

긴린코호수의 기러기는 우리에게 조건보다 사랑이 우선시되어야 한다는 걸 보여 준다. 서로의 인연을 소중하게 여기고 함께 가꾸는 삶이 얼마나 아름다운지 가르쳐주고 있다.

지고지순한 사랑이 끝없는 사랑으로 이어지기를 빌어본다.

창경궁 달빛 야행

도심 속의 궁궐은 과거와 현재가 하나의 시간으로 이어진 아름다운 공간이다. 자연을 그대로 품고 간직한 창경궁은 역사의 멋이 은은하게 느껴져 가끔씩 들르곤 한다.

서울의 여러 궁궐 중에 오랜 세월의 흔적을 소박하게 담고 있는 창경궁은 일제강점기에는 창경원이라는 유원지로 만들면서 많이 훼손되었다지만 지금은 복원이 되어 옛 모습을 잘 간직하고 있다. 잠깐의 망중한을 즐기기에 이만한 곳은 없지 싶다.

따뜻하고 사랑스러운 오월의 햇살을 받으며 정문인 홍화문을 들어서면 아담한 숲이 한눈에 들어온다. 이쪽저쪽 모든 길이 하나로 연결되어 있어 어느 쪽을 가더라도 마음이 편안해진다. 숲으로 드는 입구에 회화나무와 느티나무가 예사롭지 않은 자태로 서 있다. 서로

뿌리가 뒤엉켜 자라고 있는 두 나무는 정조와 어머니 혜경궁 홍씨가 살얼음판 같은 궁궐에서 서로를 의지하면서 서 있는 모습을 연상하게 한다. 결코 녹록하지 않았을 궁의 생활을 어찌 짐작이나 할까.

　대비들을 모시려고 창덕궁 옆에 마련한 궁궐인 창경궁은 고궁이라기보다 자연을 닮은 아름다운 정원 같다. 봄꽃들이 활짝 피었다 시든 곳에는 은은한 꽃자리가 남아 있고, 우람한 소나무와 매화나무, 산수유나무들이 나란히 하늘을 향해 푸른 잎을 키우고 있다. 숲 아래 그늘을 걷다 보면 역사의 숨결이 느껴져 마음이 호젓해지기도 한다.

　어느 봄날 이곳에서 만났던 달빛 야행이 문득 떠올랐다. 휘영청 밝은 달이 소나무 가지 위에 걸려 한참을 취하게 만들었던 밤이었다. 은은한 조명에 물든 고궁은 어둠과 밝은 빛이 어우러져 묘한 분위기를 자아냈다. 낮에 보아도 좋았지만 밤에 만나는 궁궐은 또 다른 멋으로 다가왔다.

　봄밤의 야경은 따뜻하고 온화했다. 연인의 손을 잡고, 혹은 가족끼리 담소를 나누며 걷다가 만나게 되는 춘당지는 어둠 속에서 희미하게 청사초롱으로 물들고 있었다. 낮에 유유히 노닐던 원앙들은 어디로 갔을지 괜스레 궁금해지기도 했다.

　늘 눈이 부시게 밝은 환경에서 살다 보니 어둠이 조금은 낯설었지만 화려한 궁궐 밖의 모습은 잊어도 좋았다. 마음의 눈으로 바라보는 고궁의 밤은 생각했던 것보다 훨씬 아름다웠다. 통명전 앞 넓은 마당에서 펼쳐지는 봄밤의 고궁음악회는 달빛 야행의 특별한 순서로 다가왔다. 문살에 비친 불빛이 통명전 마루를 비추고 시원한 바람을 맞으며 늦은 저녁의 음악 감상까지 할 수 있다니 얼마나 멋지던지.

통명전은 넓은 월대 위에 세워진 건물로 연회 장소로 알려져 있는 곳이다. 장희빈이 사약을 받고 이승을 떠난 곳이기도 하거니와 아버지 영조에 의해 죽음을 맞이한 사도세자의 영혼이 머물다간 장소기도 했다. 아픔의 역사를 간직한 곳에서 열리는 음악회는 이미 그 자체만으로도 의미가 깊다고 할 수 있었다.

'그린 듯이 아름다운 음악의 날개'라는 주제로 관객들 앞에서 선보이는 음악은 국악과 클래식의 만남으로 펼쳐졌다. "아리랑 아리랑 아라리오" 구성진 정선아리랑 가락은 구슬프지만 흥을 돋우며 어깨를 들썩이게 만들었다. '얼씨구' 추임새가 야행의 분위기와 어우러져 고궁의 밤을 한껏 살려 주었다. 드럼과 해금이 어우러진 '오 쏠레미오'는 전통의 악기와 조화를 이뤄 더욱 감미로운 음색을 자아냈다.

우리 음악이 만들어내는 멋스러움이 이런 것일까. 통명전 전각 아래에서 펼쳐진 고궁음악회는 그야말로 자연 그대로의 멋이 느껴지는 꾸밈없고 소박한 공연이었다. 우리 고유의 전통 악기와 서양 음악으로 어우러진 연주회는 봄바람처럼 살랑살랑 달콤했다.

창경궁 달빛 야행은 흥과 멋이 어우러진 노래와 불빛으로 그렇게 물들어가고 있었다.

그곳

 과거와 현재가 공존하는 도시, 근대의 역사를 간직한 목포에서 1박 2일의 여정을 시작한다. 한여름 뙤약볕이 뜨겁기는 하지만 가끔씩 불어오는 바람이 잠시나마 더위를 식혀주고 있다.
 일제 강점기의 잔재인 일본식 목조 가옥들이 시내 곳곳에 있는 목포는 근대화의 바람에도 노쇠한 도시의 그늘이 그대로 남아 있다. 가수 이난영이 불렀던 〈목포는 항구다〉를 들으면 노래 가사처럼 영산강과 삼학도의 풍경이 그림처럼 펼쳐진다. 목포를 대표하는 알싸한 홍어와 세발낙지, 그리고 유달산뿐 아니라 여러 곳을 꼭 가봐야 할 만큼 내게는 그리움이 스미는 도시다.
 바위가 갓을 쓴 것 같다고 하여 이름 붙여진 갓바위와 일본식 적산 가옥을 차례로 들르고 나면 기다렸다는 듯이 유달산을 오른다.

'개항 110년 민족정기가 어린 목포'의 슬로건이 담대한 표지석으로 세워져 있는 유달산 초입은 그래서인지 조용하면서도 힘찬 기운이 느껴진다.

눈앞에 보이는 노적봉은 이곳의 상징처럼 오롯이 서 있다. 임진왜란 때 충무공이 군량을 쌓아 둔 것처럼 가장하여 적을 속였다는 전설이 서려 있어 거석의 위용을 느낄 수 있다. 유달산으로 오르는 계단을 지나면 포탄 없이 화약만 넣어 포를 쏘아 시민들에게 정오의 시간을 알리던 오포대를 만난다. 목포 시민이 아니더라도 그 시절의 향수를 엿볼 수 있는 장소다.

잠깐의 여운을 안고 돌아서면 첫 번째 쉼터인 유선각에 이른다. 유달산 중턱에서 바라보는 목포 시내의 전경은 시간의 곡절을 안고 조용히 흐르고 있다. 유달산의 기운처럼 하늘과 바람과 구름으로 어우러진 기운이 굳건하게 흐르는 것 같다.

더운 땀을 식히며 잠시 편하게 앉아 있는 내 앞에 어르신 한 분이 다가온다. 연세가 여든은 족히 되어 보이는 행색의 노옹이다. 낡고 투박한 지팡이를 짚고 서서 물끄러미 나를 바라본다. 도대체 무엇을 하려는 건지 당황한 내가 생각을 추스르는 동안에도 노인은 아무런 말이 없다.

얼마간의 침묵이 흘렀을까. "어디서 왔소" 내 얼굴을 보며 말한다. "창원에서 왔는데요." 대답을 하니 잠깐의 어색함을 깨려는 듯 어르신이 말씀을 꺼낸다. "저어기 보이는 곳이 삼학도요. 그 앞은 목포항이요." 손에 쥐고 있는 지팡이를 들고서 눈앞에 보이는 곳을 여기저기 짚어가며 하나씩 설명을 한다. 무심코 지나쳤던 목포 여기저기를 한 장의 지도를 펼쳐 놓은 것처럼 역사를 곁들여 얘기를 해 준다.

노적봉에 얽힌 이야기와 일제 강점기부터 목포의 굵직한 사건들을 하나씩 예를 들어가며 천천히 말을 이어 가니 주변에 있던 사람들이 모이기 시작한다. 전국에서 목포 관광을 하기 위해 찾아온 사람들이다. 그들은 노인의 설명에 고개를 끄덕이며 대답 대신 귀를 기울이고 있다. 몇 번을 왔던 곳인데 제대로 보지 못했던 것들이 이제야 뚜렷이 보인다며 연신 입을 모으는 사람들.

"구경들 잘하고 가시오" 하고 한참을 이야기하던 노인이 짧게 한 마디 인사를 남기고 서둘러 산 정상 쪽으로 걸어간다. 작은 체구에 어디서 그런 기운이 나는지 지팡이를 짚고 홀연히 사라진 노인의 뒷모습을 한참 바라본다. 잠깐의 안내를 받고 난 후여서 그런지 목포가 더욱 친근하게 느껴진다.

목포의 역사를 말없이 지켜보았던 유달산에서 이 도시의 자존심을 굳건히 지켜온 건 온전히 목포 시민들이란 생각을 해 본다. 항구 도시 목포는 바다로 둘러싸인 섬들이 옹기종기 모여 있어 그림처럼 아담하다. 누군가의 말처럼 아름답고 멋스런 곳이다.

여행길에서 만난 사람들이 남기고 간 흔적을 퍼즐 맞추듯 끼워 보면 그들의 이야기가 생생한 삶의 안내서가 되어 준다. 어르신이 던져 주고 간 많은 물음을 주워 담으며 나도 서둘러 자리를 털고 일어선다.

짧은 시간 동안 내가 만난 목포는 곰삭은 홍어의 알싸한 맛처럼 자꾸만 생각나는 그리움의 도시다. 언젠가 주섬주섬 다시 가고 싶어지는 곳이다.

굿바이 하동역

 경상도와 전라도의 첫 글자를 따서 이름 지어진 경전선은 구불구불 낭만을 싣고 쉬지 않고 달렸다. 이름 모를 간이역을 잠깐씩 지나쳐 달려온 기차 여행의 종착지인 하동역에 도착했다.
 덜컹거리던 소음이 멎고 기차가 서서히 플랫폼으로 들어서니 기다렸다는 듯이 사람들이 쏟아져 내리기 시작했다. 창밖을 바라보던 나도 주섬주섬 가방을 챙겼다. 평소 가깝게 지내던 지인들과 벚꽃 구경이나 제대로 해 보자며 나선 곳이 이곳 하동이었다. 편안한 차를 타는 대신 오랜만에 추억을 한번 만들어보자며 기차를 타고 온 길이었다.
 기차여행은 실로 오랜만이어서 며칠 전부터 기대와 설렘이 가득했다. 기차를 타면 객차 안에서 맛있는 간식거리를 먹는 재미를 빼

놓을 수 없다. 추억을 회상하기에 제격인 삶은 계란과 달달한 사이다까지 그야말로 각자 가져온 먹거리가 푸짐했다. 무궁화호 완행열차 안에서 나누는 수다가 얼마 만인지 웃다가 울다가 이야기가 한참 길어졌다.

섬진강을 따라 벚꽃 터널을 지나니 하동역이 반세기의 역사를 오롯이 간직하고 그 자리에서 기다리고 있었다. 단출한 매표소가 있는 역사 안의 모습과는 사뭇 다른 밖의 풍경은 사람들을 한껏 들뜨게 했다. 아담한 역사 승강장에 앉아 바라보는 봄 풍경은 정말이지 아름다워 마음을 빼앗기지 않을 수 없었다.

하동역은 봄맞이 꽃 구경에 나선 사람들로 북적이고 있었다. 상춘객을 태운 기차가 사람들을 내려놓는 그 순간부터 이곳은 봄꽃에 취한 이들에게 만남의 장소가 되었다. 길게 뻗은 철길 옆으로 기차가 멈출 때마다 반가운 손님을 맞이하듯 벚꽃이 흰 눈처럼 날렸다.

그야말로 사람이 꽃이라는 말이 실감 났다. 레일 위에 발을 딛고 서서 아름다운 순간을 한 장의 사진으로 남기려는 그들의 모습을 보니 가는 봄이 아쉬울 지경이었다. 봄 햇살과 어우러진 역사 앞의 풍경은 꽃과 사람이 어우러져 한 편의 드라마를 연상하게 했다. 만나고 헤어지는 우리 인생처럼.

이곳 하동역은 내게는 추억의 장소였다. 삼십여 년 전 처음으로 부모님과 같이 기차를 타고 놀러 왔던 첫 가족 여행지로 의미가 남달랐다. 그 시절의 풍경이 자연스럽게 떠올랐다. 다들 바빠 같이 여행 가기가 쉽지 않았는데도 이곳 하동 솔밭에서 모처럼 가족들과 오붓한 시간을 보냈다. 그때 다 같이 찍었던 사진이 남아 오랫동안 내 기억 속에서 그리움으로 살아나곤 했다. 바쁘게 살다보니 꼭 한 번 다시 와야지 했는데 마음처럼 쉽지가 않았다.

오랜 시간이 흐른 뒤에 와 보니 세월의 무게만큼 감회가 새롭다. 차를 타고 와도 좋지만 이렇게 기차를 타고 오니 봄 기분을 제대로 느낄 수 있는 시간이 되어 준다.

봄이면 하얀 벚꽃이 피어 장관을 이루던 이곳이 역사 속으로 사라진다고 한다. 하동역의 이전 소식을 듣고 와서일까. 경전선 복선 개통으로 다른 곳에서 그 이름을 유지하고 새롭게 사람들을 맞는다고 하니 자꾸만 아쉬움이 남는다. 더는 기차가 정차하지 않는 역은 어떤 모습으로 남게 될까 궁금해진다.

시간 여행을 얼른 시작하라는 듯 힘찬 경적 소리가 역사를 울리고 있다. 어느 봄날, 추억의 언저리에서 그리움을 가득 꺼내 보는 시간, 굿바이 하동역.

배롱나무 아래에서

 동네 하천 둑 위에 길게 늘어선 배롱나무가 올해도 어김없이 꽃을 피우고 있다. 한여름 뙤약볕 아래 활짝 핀 배롱나무 꽃은 우리의 마음을 한껏 설레게 한다. 폭죽을 터뜨리듯 여기저기 피어 있는 배롱 꽃을 바라보는 것만으로도 더위에 지친 심신이 달래진다.
 배롱나무는 백일 동안 쉬지 않고 핀다고 하여 목백일홍이라고도 한다. 꽃이 귀한 여름에 화사한 선물을 우리에게 주는 것이다. 가끔 버스를 타고 창원 시내를 지나가다 보면 배롱나무가 가로수로 심겨 있어 눈길을 끈다. 봄에 피는 꽃들은 금방 피었다 지는데 석 달 열흘 동안 피어 있으니 우리의 마음을 빼앗기에 충분하다. 그러니 아름다운 배롱 꽃의 자태에 반하지 않을 사람이 어디 있겠는가.
 여름이면 잊지 않고 꼭 찾아가는 곳이 있다. 집 가까운 곳에 있는 고려동 마을이다. 600여 년 된 고택들이 시간의 흔적을 고스란히 안고 있는 고려동은 오랜 역사와 기풍이 깃들어 있는 곳이다. 이곳은 고려 말 성균관 진사였던 이오 선생이 고려에 대한 충절을 지키기로 결심하고 현재의 마을에 거처를 정한 후 대대로 그의 후손들이 살아온 장소로 알려져 있다.

고려동은 선조의 유산을 소중히 지키고 가꾸면서 살고 있는 사람들이 도란도란 사는 마을이다. 아담한 기와집들이 고풍스럽게 자리하고 있는 마을 초입에는 도심의 혼잡함을 잠시 잊게 하는 나무와 꽃들이 소담하게 피어 있다. 집집마다 돌담 위에 기와를 얹은 골목길은 운치를 더해 준다.

이곳의 상징처럼 오롯이 서 있는 배롱나무는 여름에는 아름다움의 대명사로, 겨울에는 변함없이 꿋꿋한 모습으로 그 자리를 지키고 있다. 오랜 세월 마을을 바라보며 서 있는 배롱나무는 무더위에 지친 우리의 마음을 붉은 꽃무리로 달래준다.

고려동 유적지 안내문에는 이오 선생께서 '백일홍이 만발한 이곳을 택하여 담을 쌓고 거처를 정하였다.' 고 쓰여 있다. 수령이 600년이 넘은 이 나무는 마을을 지키는 당산나무처럼 여름이면 백일 동안 자신을 한껏 드러내고 있다.

얽혀 있는 가지마다 꽃들이 한데 어우러져 붉은 물감을 툭툭 칠한 듯하다. 부챗살을 펼친 듯 환한 모습은 감탄이 나올 만큼 아름답다. 사람이 만지면 간지럼을 타듯 한다고 해서 간지럼나무라고도 하는 배롱나무, 하얀 살결처럼 미끈한 가지는 그 이름에 걸맞듯 어루만질 때마다 팔랑거리며 조금씩 움직이는 것 같아 가만히 들여다보게 된다.

그 옛날 선비들이 사랑했던 배롱나무를 볼 때마다 사육신이었던 성삼문을 떠올려본다. 자신의 처지와 닮아서일까. 조선 시대에 아주 귀했던 이 나무를 그는 누구보다 좋아했다고 전해진다.

> 지난 저녁 꽃 한 송이 떨어지고
> 오늘 아침에 꽃 한 송이 피어서
> 서로 일백 일을 바라보니
> 너를 대하여 좋게 한잔 하리라

백일홍 꽃을 이보다 더 섬세하고 멋지게 표현할 수는 없을 것 같다. 단번에 내 마음을 사로잡은 이 시를 읽을 때마다 나는 배롱나무에 담은 뜻을 생각해 보게 된다.

여름 한 철 정열로 붉게 물드는 배롱꽃처럼 우리네 삶도 변하지 않고 한결같기를 빌어본다. 백일 동안 올곧은 모습으로 우리를 찾아오는 아름다운 배롱꽃이 지고 나면 뜨거웠던 여름도 끝나 가리라.

꼬부랑길을 아시나요?

"꼬부랑 할머니가 꼬부랑 고갯길을 꼬부랑꼬부랑 넘어가고 있네"
"꼬부랑꼬부랑 꼬부랑꼬부랑 고개는 열두 고개 고개를 넘어간다"

꼬부랑 할머니 동요는 입에서 입으로 전해져 내려오는 친숙한 노래다. 꼬부랑이라는 단어는 경상도 방언으로 굽은 모양을 연상하게 한다. 마산에서 알려져 있는 가고파 꼬부랑 벽화마을에 걸어가 보았다.

그곳으로 가는 길은 문신미술관 쪽에 차를 주차하고 내려오거나 성호초등학교 주변에서 올라가면 된다. 여러 갈래의 길이 있지만 나는 성호초등학교 부근으로 가는 쪽을 택해 가기로 한다. 요즘은 동네마다 마을을 살리기 위해 알록달록 재미있는 벽화를 그려놓은 곳이 많지만 다른 어느 곳보다 이곳이 정감이 들어 다시 오고 싶어진다.

 마을 지도와 안내판을 읽으며 들어선 회색 계단은 낡고 오래됐지만 예전에 우리가 살던 동네 같아서 정겹다. 도시를 가득 메운 아파트촌의 풍경이 낯익기는 해도 지나온 세월의 흔적을 느낄 수 있는 이곳이 좋다.

 산동네가 가지는 자연조건을 있는 그대로 작품으로 만든 다양한 벽화가 눈에 띈다. 마산을 대표하는 봉암다리와 저도연륙교, 바다를 배경으로 마산항의 야경까지 마산의 옛 추억을 회상하기에 알맞은 그림들이 그려져 있다. 꽃과 나비, 소나무의 모습은 자연과 어우러진 동네의 모습을 연상하게 만든다. 길지 않은 골목길을 따라 천천히 걸어가다 보면 세계적인 팝 아티스트들의 낯익은 작품도 만나게 된다. 우리에게 친숙한 작품 앞에서는 활짝 웃으며 사진을 찍어 볼 수도 있으니 덤으로 얻는 즐거움이다.

 대문이 없는 집도 여럿 있어 신기해하며 돌아보기도 하고, 산동네 중간에 놓여 있는 백년이 넘었다는 우물 앞에서 걸음을 멈추고 그 안을 들여다본다. 높은 곳에 있기는 해도 예전에는 마을 주민들이 이 우물의 물을 마시고 살았다고 한다. 지금은 수풀에 덮여 있지만 아직도 샘물이 고여 있을 것 같은 착각에 빠진다.

 꼬부랑길은 그 이름처럼 구불구불하게 이어져 있다. 좁은 골목길을 걸을 때면 힘들다가도 벽 한쪽에 그려진 그림을 보면 기분이 좋아진다. 김춘수 시인의 시 〈꽃〉은 오랜만에 잊어버린 감성을 잠시 일깨워 주는 듯하다. 바닥에는 사랑의 하트가 그려져 있고, 밤하늘의 별도 가까이에 와 있다. 옛 추억을 상상하며 사진을 찍어도 좋은 포토존을 만들어 놓아 벽에 기대어 포즈를 취해 보기도 한다.

분홍빛 행복버스는 어디로 향해 가는 것일까. 화장실 벽에 그려진 명상카페는 재치가 느껴져 웃음이 나온다. 대문 옆에 설치된 계량기 위에다 그린 푸른 나무 한 그루는 그야말로 작은 발상이 만들어 낸 작품이다. 조각가 문신과 천상병 시인의 얼굴을 만나면 반갑게 인사를 하게 된다. 가고파 꼬부랑길은 낙후된 산동네를 아름다운 마산의 모습으로 되살리기 위해 조성되었다고 하니 충분히 제 몫을 하고 있는 것 같다.

내가 이곳을 좋아하는 이유는 언덕 위에서 마산항과 시가지의 모습을 한눈에 내려다볼 수 있기 때문이다. 다른 곳보다 규모도 작고 볼거리도 별로 없지만 마산의 동피랑이라고 할 만큼 정겨운 풍경이 여기만의 낭만과 추억을 전해준다.

바람이 좋은 날 누군가와 도란도란 이야기를 나누며 마산의 멋진 모습을 감상하기에 딱 좋은 가고파 꼬부랑길 벽화마을, 누구든지 한번만 찾아오면 다시 가고 싶어지지 않을까.

백담사 돌탑

    백담사 앞 수심교 다리 아래에는 수백, 수만의 돌탑이 있다. 크고 작은 탑들이 개울물을 옆에 두고 제각각 다른 모습으로 놓여 있어 그 풍경을 보는 것만으로도 감탄을 자아낸다.

    누가 이토록 많은 탑을 쌓아 놓은 것일까. 이 돌탑을 보기 위해 일부러 찾아오는 사람들이 있을 정도라고 하니 그 유명세를 실감할 수 있다. 마구 뒹굴던 돌멩이들이 작은 생명으로 다시 살아나 환생을 하는 것 같다. 탑을 쌓는 일이 단순해 보여도 그 속에는 많은 의미가 있다.

    낯선 여행길에서 만난 백담사 앞 돌탑은 내설악을 끼고 흐르는 계곡의 맑은 물과 절경이 어우러져 한 폭의 그림 같다.

용대리 마을버스 정류소에는 막바지 여름을 즐기려는 사람들의 행렬이 길게 이어져 있다. 울창한 숲과 풍경을 감상하며 걸어가면 두어 시간이 소요된다고 해 우리는 그냥 버스를 이용해 가기로 했다. 연방 올라갔다 내려오는 마을버스는 사람들을 미처 다 싣지 못하고 계속 오가기를 반복하고 있다.

백담사로 가는 길은 겨우 버스 한 대가 지나갈 수 있는 도로 폭이라서 아슬아슬 곡예를 하듯 지나가야 한다. 길 중간쯤에서 어중간하게 차를 만나기라도 하면 서로 수신호를 주고받으며 기다려주고 비껴가는 모습이 꽤 인상적이다.

버스 안에서 계곡을 내려다보면 에메랄드빛 계곡물에 마음을 빼앗기지 않을 수 없다. 오랜 시간 부드럽게 혹은 투박하게 물에 패인 바위는 자연이 빚은 예술품 같다. 어디에서도 볼 수 없는 선경이 바로 이곳이라는 생각이 든다.

백담사 앞 주차장에 도착해 절 입구에서 가장 먼저 만나게 되는 것이 수심교로 불리는 다리다. 백담사로 들어가기 위한 첫 관문이다. 누구든 '마음을 닦고 오라'는 수심교는 정화淨化의 의미를 담고 있다.

백담사 경내로 들어선다. 첩첩산중에 있는 절집은 아담하고 조용하다. 절 마당에 서 있는 야광나무가 오고 가는 길손을 말없이 반겨준다. 가끔 지나가는 사람들의 소란스러움에 주위를 돌아보게 되지만 그것도 잠시 사방이 정숙하다.

만해 한용운의 정신이 깃든 이곳은 수많은 곡절을 안고 있다. 절 이곳저곳에 시인의 흔적이 오롯이 남아 의미를 더해 준다. 백담사는 화려한 외양에 치우치지 않고 그 자리에서 묵묵히 오랜 세월을 품고 있는 듯하다.

급하지 않게 천천히 경내 여기저기를 돌아보고 나오면 돌탑들이 나타난다. 백담사 앞 무금천은 가뭄으로 수량이 많이 줄었지만 곧게 흐르는 물에 살짝 발을 담그고 싶어질 만큼 맑고 깨끗하다. 멀리서 볼 때와는 다른 느낌이다.

그래, 간절하면 이루어진다는 소원의 탑이다. 잠시 자리를 잡고 앉아 하나, 둘, 셋, 조심스럽게 돌 하나씩을 얹어본다. 행여나 넘어질까 봐 두 손으로 꼭 누르고 마음속으로 소원을 슬쩍 내밀어본다. 이럴 땐 누구의 눈치를 볼 필요도 없다.

돌탑은 정성과 소원을 쌓는 일이다. 어떤 조형예술보다도 아름다운 미완의 예술이다. 여름 장마가 오면 흔적도 없이 사라질 무금천 돌탑은 바람을 안고 오늘도 이곳을 찾아올 사람들을 하염없이 기다리고 있으리라.

가야장터에서

　함안 가야읍에는 가야장이 닷새마다 열린다. 함안에서도 규모가 제법 큰 오일장 중의 하나로 재래시장답게 많은 사람이 찾아와 넉넉한 인심을 나누곤 한다.
　지금은 사라진 경전철 기찻길 사이로 사방팔방 자리를 잡은 상인들의 물건이 아침부터 저녁까지 가지런히 유혹의 손길을 보내고 있다. 시장 입구부터 눈에 들어오는 각양각색의 파라솔 사이로 장을 보러 온 사람들이 한데 어우러져 언제나 문전성시를 이룬다.
　장날이 마침 휴일과 겹치면 인근에서 가족과 친구들이 모여들어 시장은 물건 반 사람 반이라는 말이 나올 정도로 북적인다. 사람들에 떠밀려가면서 장을 봐야 하는 번거로움도 있지만 그것도 재미라고 생각하면 그리 문제가 되지 않는다. 봄철이라 입맛 돋우는 향긋한 달래와 씀바귀, 방풍나물 등 제철 채소가 풍성해 식탁을 봄으로 가득 채울 수 있다.

좁은 시장길 따라 고추, 마늘, 참깨 등 주변에서 나는 농산물이 있어 이쪽저쪽을 구경하며 무엇을 사 볼까 행복한 고민에 빠진다. 가야장에 가면 어쩌다 안부가 궁금했던 사람들을 장터에서 만나는 행운을 만나기도 한다. 긴가민가하며 서로 안부를 묻고 얼싸안으며 기쁨의 환호를 지르기도 하는 모습은 낯선 풍경이 아니다. 물건만 사러 오는 것이 아니라 반가운 사람을 만나게 해 주는 오일장은 그래서 자꾸만 가고 싶어지는 만남의 장소이기도 하다.

상설 시장에는 싸리비와 대비, 각종 채반들, 나무로 된 주걱, 소쿠리들이 전시되어 있어 그것들을 들여다보는 재미도 제법 쏠쏠하다. 시골 대장간을 방불케 하는 철물 가게에는 직접 만든 낫은 물론이고 호미 등 다양한 기구들이 놓여 있다. 가게 앞에 서서 물건을 고르는 어르신들의 흥정을 엿보는 재미 또한 볼거리 중의 하나다.

바로 옆 참기름 가게는 그냥 지나칠 수 없는 곳이다. 고소한 깨 볶는 냄새가 인근 시장 골목까지 풍겨 나와 무심결에 입맛을 다시게 된다. 참기름을 넣고 무친 나물에 쓱싹 밥 한 그릇 비벼 먹고 싶어지는 유혹을 이기지 못해 얼른 몇 병을 사고야 만다.

시장에 오면 꼭 먹어보고 싶은 간식거리가 많다. 오일장에서만 맛볼 수 있는 여러 가지 먹거리 때문에 일부러 찾아오는 사람도 있다. 금방 삶아 낸 옥수수와 따끈한 찐빵은 장에 오면 먹게 되는 따뜻한 간식이다. 인심 좋은 아저씨가 덤으로 담아주는 추억의 옛날 과자는 종류도 많아 이것저것 취향대로 골라 먹으면 된다.

양은솥에서 바삭하게 튀겨낸 팥 도너츠는 언제 먹어도 맛이 있다. 시장을 둘러보고 와서 먹어야지 했다가 돌아와 보면 길게 줄을 서 있을 만큼 인기가 높다. 40년을 한자리에서 튀겨 냈으니 그 세월만큼 맛도 한결같다. 장에 올 때면 그냥 지나치지 못하고 꼭 들르는 나의 간식 코너 중의 하나라고 할 수 있다.

뻥튀기 과자를 튀겨 내는 곳은 우리의 기억 저편에 남아 있는 아련한 추억을 떠올리게 해 준다. '뻥이요' 하고 아저씨가 말하는 순간 준비할 새도 없이 터지는 폭발음에 놀라지만 그럴 때마다 한바탕 웃음을 짓곤 한다. 그 옆을 지나는 사람들에게 주인아저씨가 건네주는 쌀과자 한 주먹은 작지만 소박한 행복감을 안겨준다.

가야장에는 60년 전통의 국밥집이 있어 일부러 찾아가는 사람들이 많다. 소고기가 듬뿍 들어간 장터 국밥은 신선한 쇠고기와 무로 맛을 내 국물이 얼큰하고 시원하다. 선지와 콩나물이 듬뿍 들어 있는 국밥 한 그릇으로 속을 달래본다. 시장 구경이 든든한 한 끼와 더불어 끝나가는 중이다.

편리함만을 추구하며 살다 보니 여유 없이 바쁘다가도 오일장에 와 보면 따뜻한 인심과 사람 사는 정을 느낄 수 있다. 양손 가득 푸짐하게 들고 오는 것은 찬거리뿐만 아니라 사람 사는 정도 같이 담아 온다. 집으로 올 때면 다음을 기약하며 늘 혼자서 말한다. "오일 뒤에 다시 만나요."

바야흐로 물회

 일 년 중 가장 더운 삼복은 초복으로부터 시작된다. 무더운 여름을 본격적으로 예고하는 초복에는 더위를 식히고 체력을 보충하기 위해 몸에 좋은 보양식을 먹게 된다.
 삼계탕이나 장어구이가 일반적이지만 나는 초복에는 참가자미 물회를 먹는다. 좌식 테이블이 놓인 동네 식당에서 편안하게 앉아 주문을 하면 연이어 나오는 밑반찬이 제법 소담하다. 뚝배기의 미역국은 따뜻하고 깔끔해서 자꾸만 손이 간다. 가자미 물회는 다른 물회처럼 육수를 부어 먹는 것이 아니라 준비된 초고추장을 각자의 기호에 맞게 넣어 먹으면 되니 개인의 취향에 따라 맛의 차이가 있다.
 각종 야채가 가득 얹혀 있는 가자미 물회가 나오면 기다릴 새도 없이 젓가락으로 쓱쓱 비벼 먹어야 맛있다. 가늘게 채 썬 배와 오이, 양파가 가자미회와 어우러져 시원하고 새콤한 맛을 느낄 수 있다. 물은 없지만 비빌수록 물기를 품어 촉촉하고 부드럽게 먹는 맛이 일품이다. 물회는 그냥 먹어도 좋지만 금방 한 듯 따끈한 밥에 비벼 먹으면 회덮밥을 먹는 것처럼 감칠맛 나서 좋다.

나는 여름이면 물회를 자주 먹는다. 입안에 침이 고일 정도로 새콤달콤하고 시원한 물회는 한여름 무더위를 잊게 할 만큼 맛이 있어 일부러라도 찾아가 먹게 된다. 여행의 묘미는 새로운 곳에서 다양한 사람들을 만나고 즐기다 오는 것이라고 하지만 내게는 그보다 맛있는 것을 먹으러 간다는 의미가 더 크다. 낯선 곳을 돌아다니다 우연히 맛있는 것을 먹을 때만큼 행복할 때가 없다.

속초는 연중 어느 때라도 바다를 배경으로 볼거리와 먹거리가 풍성해 외지인들이 많이 가는 유명 여행지다. 특히 물회가 맛있다고 소문이 난 식당이 몇 군데 있다. 전국에서 그 유명세를 알고 오다 보니 가는 곳마다 사람들이 많아 줄을 서서 기다리는 것쯤은 예사다.

현지인들이 추천하는 식당 중에서 바닷가 옆에 위치한 ㅂ식당을 단골로 간 지 몇 년이 되었다. 식당 옆에 있는 동해 바다의 매력에 빠져도 좋을 만큼 주변 경치가 아름답다. 지루할 새도 없이 금방 돌아오는 순서에 따라 자리를 잡고 주문을 하면 드디어 먹게 될 물회의 새콤한 맛은 상상만 해도 입안에 침이 고인다.

채소와 해산물이 어우러진 이곳의 모둠물회는 해삼, 문어, 전복 등이 들어 있어 하나를 시켜 둘이 먹어도 될 정도로 양이 푸짐하다. 멀리서 찾아온 보람을 느끼게 해 줄 정도로 나의 미각을 만족시켜 준다. 물회는 양념 맛이라고 해야 할 정도로 강하지만 기본으로 주는 국수사리를 살짝 풀어서 먹어보면 생선회가 비리다는 선입견을 없애준다.

강릉에서 오래 살아서일까. 아버지는 오징어를 국수처럼 얇게 채 썰어 비빔국수처럼 비벼 드시는 걸 좋아하셨다. 시장에서 사 온 오징어 회에 새콤한 초고추장을 넣고 물을 부어 후루룩 드시던 모습을 볼 때마다 과연 무슨 맛일까 생각하곤 했다. 싱겁고 텁텁한 맛이 날 것 같아 별로 먹고 싶지 않은 음식이었는데 훗날에야 이것이 오징어 물회라는 것을 알았다. 아버지께서 즐겨 드시던 물회의 맛을 지금은 아이러니하게도 내가 은근히 즐기게 되었다.

입안에서 살살 녹는 시원한 빙수처럼 자꾸만 그리워지는 그 맛. 다양한 해산물과 살얼음이 듬뿍 들어간 물회 한 그릇 먹고 나면 한여름 무더위도 금방 지나갈 것 같다.

김광석 다시그리기 길

'김광석 다시그리기 길'은 대구 시내의 중심에 있으면서도 주변의 대형 상권에 밀려 찾는 사람들이 드문드문한 방천시장을 끼고 있다. 오밀조밀한 골목으로 이어진 시장에는 가게마다 재미있는 모형 간판을 만들어 놓아 보는 이들에게 즐거움을 준다.

생선 가게는 생선 모형이, 참기름 가게는 참기름병 모양이, 어묵 가게는 구불구불 어묵 꼬지 모양의 간판을 달고 있다. 보기만 해도 절로 웃음이 나온다. 세월의 흔적을 고스란히 담고 있는 이곳의 풍경은 처음 보아도 낯설지가 않다.

작고 초라한 시장이 '김광석 다시그리기 길'로 조성되면서 사람들이 찾는 명소가 되었다. 이곳은 김광석이 다섯 살까지 살았던 곳으로 그의 추억을 떠올리기에 좋은 장소다. 좁다란 골목들은 미로처럼 보이지만 전혀 어색하지 않게 조화를 이루며 서로 연결되어 있다.

김광석은 1980년대 통기타 가수로 큰 인기를 얻었다. '영원한 가객'이라는 수식어가 붙을 만큼 음악을 사랑하고 열정을 쏟은 가수로 알려져 있다. '서른 즈음에', '먼지가 되어', '흐린 가을 하늘에 편지를 써' 등 수많은 히트곡으로 대중의 사랑을 받으며 그 시절 추억의 대명사가 되었다. 우리에게 익숙한 '이등병의 편지'는 입대를 위해 훈련소로 떠나며 불렀던 노래였다.

'일어나'는 삶에 지쳐 힘들 때마다 부르던 우리들 마음의 위로 곡이 되었고, '사랑했지만'은 사랑하는 사람과의 이별을 슬퍼하며 불렀던 노래로 듣는 이의 가슴을 먹먹하게 했다. 음악평론가들에게서 최고의 노랫말로 선정되기도 했던 '서른 즈음에'는 우리 시대 청춘들의 아픈 마음을 다독여주었다.

골목길 벽에는 김광석의 모습이 다양하게 벽화로 그려져 있다. 재미있는 만화 그림에서부터 색다른 감성을 일깨워 줄 벽화들이 길게 이어져 있어 보는 즐거움까지 준다. 기타 하나 메고 환하게 웃고 있는 모습, 무언지 모를 깊은 사색에 빠진 듯 심오한 표정은 그의 삶을 보여주는 듯하다. 노래 한 곡을 만들고 부르기 위해 얼마나 많은 시간을 고뇌했을지 짐작하게 해 준다.

오가는 사람들의 발걸음을 멈추게 하는 포장마차 그림 앞에서는 앞치마를 두르고 활짝 웃고 있는 그의 모습에 친근감이 든다. 그림

앞에 앉아 아무 말 없이 정겨운 미소를 서로 나눌 수 있어 상상만으로도 즐겁다. 손을 내밀어 그가 건네주는 따뜻한 어묵 한 그릇 받고 싶어진다.

김광석을 다시 만날 수 있는 추억의 거리에는 골목 입구부터 눈을 지그시 감고 기타 치며 노래하는 그의 동상이 세워져 있다. 사람들은 그 곁에서 살짝 어깨를 기대어 사진도 찍고, 기타를 치며 한껏 멋을 부려 보기도 한다. 그렇게라도 잠시 그와 만나는 시간이 행복하다며 미소를 짓는다.

"점점 더 멀어져 간다. 머물러 있는 청춘인 줄 알았는데…" 그가 열정을 다해 만들어 낸 노래와 가사는 사람들에게 진한 감성을 전해 줄 만큼 아름답다. 스피커에서 흘러나오는 노래를 따라 부르며 그 시절의 향수에 젖을 수 있어 이곳이 더욱 사랑을 받고 있는지도 모르겠다. 우리들 청춘의 자화상을 노래한 가사마다 삶의 애환이 묻어 있어 가슴이 따뜻해진다.

길지 않은 골목길에는 아기자기하게 꾸며 놓은 가게들과 소품들이 군데군데 자리하고 있다. 길을 걷다가 힘들면 작은 카페에서 쉬어가도 좋다. 창을 통해 바라보면 옛것과 새것이 서로 어울려 새로운 공간을 만들고 있어 나름 운치가 있다. '김광석 다시그리기 길'은 퇴락해가는 방천시장을 살리기 위해 만들어졌지만 일 년 내내 김광석을 그리워하고 추억하는 곳이 되었다.

시장으로 들어갔다가 자연스럽게 만나게 되는 김광석 거리는 그래서 이곳을 찾는 이들에게 지나간 시간을 만나고 회상하게 해 주는 골목길이다. 김광석의 노래를 듣고 있으면 우리 인생의 길목에서 누구라도 따뜻한 마음의 위안을 받게 될 것 같다.

그가 떠난 지 20년이 넘었지만 여전히 그는 우리에게 천재 시인으로, 영원한 가객으로 남아 있으리라.

발문

제3의 눈에 비친 행복론
―박귀영 수필집 《마음만 받을게요》에 부쳐

장호병
수필가, (사)한국수필가협회 이사장

발문

제3의 눈에 비친 행복론
―박귀영 수필집 《마음만 받을게요》에 부쳐

장호병
수필가, (사)한국수필가협회 이사장

 수필쓰기는 문학커뮤니케이션의 한 방법이다.
 커뮤니케이션의 라틴어 어원 커뮤니케어communicare에는 '진보를 위한 나눔과 일치communio et progressio'란 뜻이 내포되어 있다. 개인과 개인, 개인과 집단, 집단과 집단 사이에 나눔을 통하여 일치를 이루는 것이 최선의 소통이자 설득 방법이다. 나누어서 줄어드는 제로섬zero sum이 아니라, 나누고 나누어도 줄지 않는 윈윈win-win을 도모한다. 화자와 청자, 작가와 독자 사이의 커뮤니케이션은 기울어진 운동장에서 출발한다. 깨달음의 교감을 통해 독자의 생각을 작가의 관점까지 끌어올려야 하는 데 어려움이 있다.

로그인

　수필隨筆이란 말은 당唐나라 백거이白居易의 시작마제수필주詩作馬蹄隨筆走에 처음 등장한다. 시심이 말의 발굽처럼 '붓을 따라' 달려야 한다는 시 창작을 설명하는 용어였다.

　흔히 수필의 기원으로 잡는 남송시대 홍매洪邁의 용재수필容齋隨筆을 비롯하여 우리나라 여말에서 조선조에 이르기까지 도제수필陶齊隨筆(윤흔), 독사수필讀史隨筆(이민구), 한거수필閒居隨筆(조성건), 상헌수필橡軒隨筆(안정복), 일신수필馹迅隨筆(박지원) 등에서 보는 바와 같이 수필은 저작물의 이름이었다.

　일기, 기행, 서간, 제문, 행장 등 삶 전반을 다룰 수 있는 수필의 무한 제재와 자유로운 창작형식은 선비나 문장가들이 취할 수 있는 일탈이자 선망의 글쓰기 양식이었다. '붓 가는 대로'를 표방하지만 '붓 가는 데'는 지식인으로서 동시대를 사는 이들에게 던지는 고뇌의 일침이자 절규였다고 볼 수 있다.

　1930년대 근현대문학이 정립되면서 수필은 한국에서 진화 발전되고 있는, 시나 소설로는 다할 수 없는, 고유한 문학양식이 되었다. 장르를 나타내는 말로 굳어진 것은 제록스란 제품명이 기종을 나타내는 보통명사가 된 경위와 다르지 않다.

인지상정

아리스토텔레스는 화자speaker, writer가 사용할 설득양식으로 화자 개인의 윤리적 인격에 바탕을 둔 당당함ethos, 텍스트가 생성하는 논리에 근거한 이성logos, 그리고 청자hearer, reader의 마음을 이끌어내는 감성pathos을 들었다.

대부분의 경우 작가의 삶은 문학 작품에 투영되고, 작품은 그의 삶에 반영되는 선순환구조를 갖는다. 독자는 작가와 안면이 없는 불특정 다수라는 전제 아래 본고에서는 화자가 독자들의 마음을 어떻게 이끌어가고 있는지, 파토스의 관점에서 작가 박귀영의 삶과 문학을 살펴본다.

아버지께서 돌아가신 그해 오월에도 감자꽃은 밭이랑을 물들이며 하얗게 피고 있었다. 급작스레 우리 곁을 떠난 아버지의 부재로 식구들은 물론 감자꽃도 의욕을 잃어갔다. 감자를 심어 둔 것조차 까맣게 잊어 버렸고 뒤늦게 수확한 열매는 부실해 몇 알 되지도 않았다. 그때 처음으로 식물도 사람도 관심과 사랑으로 자란다는 것을 알았다. 제대로 보살펴주고 정성을 들여야 원하는 만큼의 수확을 얻을 수 있다는 것을 말이다.

…(중략)…

감자꽃이 필 때면 알토란같은 자식들의 효도도 제대로 받아보지 못한 아버지가 그립다. 어찌하여 아버지는 꽃다운 시절 서둘러 생을 마감하셨을까. 가슴이 아프다.

—〈감자꽃 필 때면〉 중에서

해마다 감자꽃이 필 때면 아버지가 그리운 것은 아버지가 삶의 끈을 놓은 무렵이어서만은 아니다. 꽃은 자신이 품어 키우고 있는 감자의 존재사실을 세상에 알릴 뿐, 정작 자신의 존재가치를 드러내지도 않거니와 오히려 꺾임으로써 감자를 튼실하게 키워낸다. 뜻을 펴보지도 못한 채 날개를 접은 아버지를 떠올리지 않을 수 없다. 아버지의 운명으로 치환되는 감자꽃을 볼 때 자식의 입장에서는 연중 가장 서러운 때가 이 무렵일 수밖에 없다.

올해로 팔순을 맞은 어머님은 평생을 농사만 짓고 사신 분이다. 날마다 가까운 밭에 나가 하루 종일 밭매고 잡초를 뽑고 소일하는 것이 일과다. 아버님이 살아 계실 때는 두 분이 나들이도 하시곤 했지만, 혼자 계시니 별다른 취미 없이 농사일을 낙으로 삼으며 살고 계신다. 거칠고 투박한 당신의 손만큼 질박한 삶의 무게가 그대로 느껴진다.

영화를 본 기억이 하도 오래돼서 기억에도 없다는 말씀을 들으니, 가슴 한쪽이 찡하다. 어쩌면 어머니 인생을 돌아보면, 영화 한 편 마음 놓고 볼 수 없을 만큼 사는 일이 힘들고 고달팠을지도 모른다. 오랜만에 며느리와 영화를 보기 위해 집을 나서는 어머니의 얼굴은, 수줍은 소녀처럼 발그레 상기되어 살짝 흥분되어 보이기까지 한다.

—〈그대, 행복을 꿈꾼다면〉 중에서

시금치나 시계조차 가까이 하지 않으려는 요즘 세태이다. 영화를 보러 가는 시어머니와 며느리의 시월드 풍경화는 흔치 않다. 내심 바람직함에도 불고하고 우리가 의도적으로 기피하는 삶의 한 단면이다. 앞 세대가 걸어왔을 그 길 위에 우리가 있고, 이 길은 우리의 다음 세대가 이내 따라오게 될 길과 다르지 않다는 사실을 우리는 애써 외면하고 있다. 많은 사람들이 행복으로의 길 위에 서성이면서도 그 길이 어떤 길인지도 모르고 우왕좌왕하는 현대인의 삶을 들여다보는 듯하다.

언젠가 시장에서 사 온 부추 단 속에서 활짝 피어 있던 꽃 한 송이를 발견하고 예쁜 컵에 담아 두었던 기억이 났다. 별처럼 생긴 모습을 보니 하늘에서 작은 별이 내려온 것 같아 별꽃이라고 이름을 지어 주었다. 내 책상 위에서 가녀린 제 몸을 씩씩하게 곧추세우며 꽃대를 끝까지 피우던 녀석이 기특해 날마다 들여다보곤 하였다. 그때 알았던 부추꽃의 꽃말이 '무한한 슬픔'이었는데 그 생김새와는 다른 꽃말 때문에 몇 번이고 의문을 가지곤 했다. 그러기에는 아무리 봐도 꽃이 너무 예쁘고 앙증맞았다.

...(중략)...

부추는 베어내고 베어내도 계속 자란다. 기꺼이 자신을 내어주니 어머니의 모습과 닮았다. 강인한 생명력과 더불어 인내하는 삶은 오롯이 자식을 위하는 모정과 닮았다. 어머니는 해마다 부추가 자랄 때면 그것을 일일이 다듬어 가져다주었다. 손품이 많이 가는 채소여서 귀찮을 텐데도 정성스럽게 손질을 해 주어 받을 때마다 고마움과 죄송함이 밀려왔다.

―〈부추꽃〉 중에서

작가는 흔하디흔한 부추꽃을 보고도 어머니를 생각한다. 때론 어머니가 즐겨 드시던 우동집을 들르기도 한다. 딸은 이 땅 어머니들의 영원한 아바타이다. 가상인 아바타가 본체인 어머니를 품는 것은 당연하다. 그래서 딸은 어머니의 길, 여자의 길이 수월하든 힘난하든 기꺼이 또다시 밟는지도 모른다. "작지만 소박한 우리 집 작은 정원에는 오늘도 햇살이 살랑살랑 봄바람 타고 놀러 왔다. 내 등 뒤에서 자꾸만 한들거리며 춤추고 있다. 그 옛날 엄마가 그랬듯이 나도 화초들에게 반가운 눈인사를 보낸다.(〈엄마의 정원〉 중에서)"고 작가는 술회하면서 어머니의 그 길을 걷고 있다.

어머니는 생전에 누구보다 우동을 좋아하셨다. 일본에서 태어나서 유년 시절을 보내고 한국으로 와서일까. 맛있는 것을 사 드린다고 해도 늘 우동만 찾으셨다. 결혼한 딸네 집에 와서 유일하게 사 달라던 음식이었으니 어머니와 우동 한 그릇은 따뜻한 그리움으로 내 기억에 남아 있다.

늦은 나이에 결혼을 하고 바쁘게 사느라 그토록 좋아하시던 우동을 자주 사 드리지도 못했는데 어머니는 홀연히 저세상으로 가셨다. 어머니를 생각할 때마다 늘 바쁘다는 핑계로 마주 앉아 우동 한 그릇을 같이 먹지 못했던 지나간 날들 생각에 눈물이 났다. 지금 같으면 매일이라도 사 드릴 텐데…….

봄비 오는 날, '우동 한 그릇' 가게에 간 것은 불현듯 어머니가 생각나서였다.

―〈우동 한 그릇〉 중에서

내 눈으로 보는 삶, 네 눈에 비친 삶

요즘 사람들은 집에 대한 애착이 유달리 많은 것 같다. 비싼 돈을 주고서라도 고가의 아파트를 사려고 하는 모습을 볼 때마다 나는 이 오두막을 떠올리곤 한다. 불필요한 것들은 최소한으로 두고 갑갑하고 불편한 마음도 잠깐 내려놓는다. 누구라도 와서 잠시 쉬어가도 좋다는 마음으로 느리게 천천히 그리고 조용한 삶을 실천해 보기에 제격인 오두막.

"사람이 집 좁은 건 살아도 마음 좁은 건 못 산다."고 하신 친정어머니의 말씀이 새록새록 생각난다. 겉모습에 치중하지 않고, 욕심 없이 작은 것에 만족하면서 사는 것이 어쩌면 우리가 찾던 진정한 행복이 아닐까.

　오후의 긴 햇살이 앞산 나무숲 뒤로 서서히 숨고 있다.

―〈오두막 이야기〉 중에서

　큰 성취는 많은 소비를 통하여 행복으로 이어질 확률이 높다. 그 과정에는 숱한 불행의 다리를 건너야 한다. 그렇다고 성취가, 행복이 보장되는 것은 아니다. 무모하게 끝나는 경우가 허다하다. 소확행은 일본의 무라카미 하루키의 수필에서 유래한다. 1980년대 일본의 경제적 불황기에 남에게 보여주는 무분별한 소비능력에 얽매이는 행복이 아니라 작지만 자기만의 고유한 취향이나 생각에 따른 소비의 절제에서 오히려 진정한 행복에 이른다는 소확행이었다. 오늘날 미디어를 통해 우리 사회의 주담론이 되어버린 소확행이나 워라밸Work and Life Balance은 하루키가 말한 '작지만 확실한 행복'과는 다소 거리가 있다. 성취의 기준을 낮게 잡고 소비의 전선에 뛰어들라고 강요하는 것처럼 보이니 말이다.

　얼마 전 친구가 아끼던 찻잔을 선물로 주었다. 화려한 꽃잎이 그려져 있는 찻잔은 외국에서 여행을 하며 들여온 것이었다. 우리 집

찻상을 보니 꼭 주고 싶었다면서 슬쩍 내미니 못 이기는 척 받고 말았다. 주변에서 쉽게 구할 수 없는 모양인 데다 분명 자기가 좋아하는 물건일 텐데 단번에 주는 그 마음이 어찌나 고맙던지.

새것이 아닌 쓰던 것을 줘 미안하다는 그녀였지만 평소에 애지중지하던 것을 주다니 나로서는 무엇과도 바꿀 수 없는 선물을 받은 셈이었다. 자기가 아끼던 물건을 필요한 누군가에게 전해주는 일은 쉬운 것 같아도 아직 익숙하지 않은 풍경이다.

우리 집에는 오래된 물건들이 많다. 결혼하고 지금껏 쓰고 있는 다리미는 고장 한번 없이 여전히 제 몫을 해내고 있다. 낡았다는 것 말고는 25년을 한결같이 어떤 옷이든 구김 없이 잘 다려주고 있으니 대견하기까지 하다. 새로운 전자제품이 쏟아져 나오는 시대에 살고 있지만 불편함이 없기에 고장이 나지 않으면 계속 사용하리라 마음먹고 있다.

—⟨나의 애장품⟩ 중에서

손때 묻은 오래된 물건이 주는 편안함과 그 속에 밴 숱한 이야기와 의미를 소중하게 여기는 박귀영 작가는 욕망이나 소비능력의 기준을 낮춤으로써 스스로 위로를 얻는 것이 아님을 알 수 있다.

소비를 위해 태어난 존재들마냥 소확행이나 워라밸의 거대담론에 편승하여 편의와 소비에 길들여진 독자들에게 던지는 그의 목소리는 나지막하지만 울림은 자못 크다.

"귀하고 고운 꽃 같은 우리 엄마, 영원히 오래오래 사세요."

작은 분홍 봉투에 그려진 예쁜 꽃 그림, 굵은 연필로 꾹꾹 눌러 쓴 편지는 딸아이가 일곱 살 때에 내게 보낸 편지였다. 예쁘고 사랑스런 어린아이의 마음이 고스란히 담겨 있어 보는 내내 미소가 지어졌다. 글씨는 색이 바래 희미해졌지만 오히려 시간의 향기는 오래 누적되어 그대로 전해져 온다.

―〈편지 쓰는 시간〉 중에서

이사를 거듭해야 하였음에도 작가는 수십 년 서간들을 보관해 왔다. 퍼즐을 맞추듯 그리움과 추억의 시간을 되살려 편지 속 주인공들과 마음을 주고받으며 말로 다 하지 못한 대화를 나눈다. 까르페 디엠의 사도라 하겠다.

'커피는 수천 번의 키스보다 달콤하고 와인보다 부드러워요. 커피가 없으면 나를 기쁘게 할 방법이 없지요.' 아리아의 가사가 커피를 좋아하는 내 마음 같다. 전 세계 사람들이 가장 많이 마신다는 커피를 이처럼 완벽하게 표현한 곡은 없으리라. 바흐의 커피칸타타는 내 마음을 대변하듯 아름다운 아리아로 그 맛을 전하고 있다.

―〈커피 단상〉 중에서

꽃차를 우린다. 주전자에 담긴 따뜻한 물을 맑고 투명한 유리잔 위에 부으면 꽃잎이 파르르 기지개를 켠다. 죽은 듯 고요하던 꽃들이 일제히 세상을 향해 향기를 풀어 놓는 순간이다.

바쁘게 살아가는 우리에게 쉼표를 주듯 다양한 꽃들이 차로 만들어져 우리의 눈과 입을 즐겁게 해 준다. 목련꽃이나 산수유, 국화, 매화, 수국, 개나리 그리고 벚꽃까지 한 계절을 수놓았던 꽃의 변신을 기대해도 좋다.

…(중략)…

꽃차가 그리운 계절이다. 말린 분꽃을 찻잔 속에 한 움큼 넣고 다시 뜨거운 물을 붓는다. 빨갛게 우러난 찻물을 보니 지난여름 피었던 분꽃이 깨어나 나에게 인사를 건네고 있다.

—〈꽃차를 우리며〉 중에서

커피나 차를 혼자 마시지는 않는다. 잔잔한 음악이 흐를 것이요, 대면하는 상대가 있다. 찻자리에 혼자 앉아 있어도 거기에는 평소 만나지 못했던 자기 자신이 대좌하고 있을 터이다. 차를 가까이하는 이는 삶을, 사람을 사랑할 줄 안다.

작가는 꽃차를 즐겨 만들고 우린다. 한 계절을 넘기면 사라질 꽃이지만 차로 우려질 때는 다시 꽃으로 피어난다. 삶 역시 시공간으로 사라지는 것이 아니라 반추하는 데 묘미가 있다. 꽃의 종류만큼이나 많은 꽃차를 새롭게 피어나게 하는 것은 다양한 삶의 환희를 자신 앞에 불러 세우는 일인지도 모른다.

길 위에서 길 찾기

수백 년의 시간을 따라 타박타박 걷고 사색하는 이 순간이 내게는 자기와 마주할 수 있는 시간이다. 무엇을 위해 그리도 바쁘게 살아왔을까. 걷기에 몰두하다 보니 이제야 미처 보지 못한 것들이 온전하게 내 눈에 들어온다. 작고 사소한 것들 모두 소중하지 않은 것이 없다.

옛길을 걷는 일은 참 멋스럽다. 잣나무, 박달나무, 층층나무, 굴참나무, 전나무, 소나무 등 다양한 나무들이 울창하게 뻗어 있어 그동안 잊고 있었던 자연을 만나게 해 준다. 숲길 옆으로 흐르는 잔잔한 개울물 소리는 내게 아주 특별한 선물을 주는 것 같다.

걸어야만 보이는 것들이 있다. 온전하게 하루 24시간을 나를 위해 마음을 비우며 천천히 걷는 일. 진정한 걷기의 진수는 맨발로 걷는 것이리라.

—〈맨발로 걷는 길〉 중에서

이 작품집에는 여행이나 걷기에 대한 일상의 이야기가 많이 나온다. 임어당은 "여행의 본질은 이렇다 할 목적지가 없는 나그네길이다. 좋은 나그네는 이제부터 어디로 가야 할지를 모르고, 나무랄 데 없이 훌륭한 여행자는 자기가 어디서 왔는지조차 모른다."고 했다.

길을 찾기 위해서는 편견이나 선입견을 버리고 오로지 자기 자신과 조우하면서 새로운 마음으로 길에 나서야 한다는 임어당의 생각과 결을 같이한다. 박 작가가 찾고자 하는 길은 무엇일까.

　　아픈 환자가 사람들을 즐겁게 해 준다는 것이 쉬운 일이 아닌데도 밝게 대하는 모습이 예사로 보이지 않았다. 한가한 오후 할머니에게 물어보았다. "아프신 분이 어쩜 그렇게 밝고 즐겁게 지낼 수가 있는지 너무 부러워요"라고 말하는 내게 뜻밖의 답을 하는 할머니의 말에 놀라지 않을 수 없었다. "내가 이래도 성한 데가 없을 정도로 몸이 아파요. 몇 번의 수술을 거쳐서 온전한 곳이 없지만 그렇다고 세상이 끝난 것도 아닌데 우울해할 필요가 없더라고. 오히려 기분 좋게 지내니까 금방 나을 거 같은데" 할머니는 자신의 에너지는 마음에서 우러나온다고 말했다. 뭐든지 마음의 문제라고 말이다.

—〈노년을 위한 변주곡〉 중에서

　　병원에 입원하여 할머니들과 같은 병실을 이용한 적이 있다. 100세시대의 도래로 육신의 건강을 챙기는 이들이 많다. '육체의 눈이 쇠퇴하면 정신의 눈이 밝아진다'는 플라톤의 말을 인용하였다. 하지만 현실은 그렇지 못하여 문제이다. 사람들은 몸이 모음의 준말로 신체 각 부위를 모은 사실에는 수긍하면서 눈에 보이지 않는 마음까지 모았다는 사실은 정작 간과하고 있다. 훗날 자신의 모습을 어디에서 찾아야 할지 보여준다.

비스듬히 누워 있는 나뭇가지에 드문드문 분홍 꽃이 피어 있다. 봄은 이미 지나가고 있는데 수줍게 자기만의 꽃을 피운 모습이 신기하다. 노쇠한 나뭇가지에 핀 매화꽃을 보니 얼마나 많은 시간을 견디고 인내했을지 자연의 생명력에 감탄하지 않을 수 없다.

…(중략)…

한겨울 찬바람을 맞으며 실한 꽃봉오리를 맺고 결코 움츠러들지 않는 고고한 자태로 자신을 지키는 매화나무는 언제 봐도 선연하다. 매화의 향기는 고요한 마음을 가질 때 제대로 느끼고 알게 된다고 한다. 바람 부는 카페 마당에 서서 그윽한 매향에 취해보니 어느새 나도 매화나무가 된 듯하다.

꽃을 피우지 않았다면 아마도 죽은 나무 취급을 받아 벌써 베어졌을 운명이었을 저 매화나무에게 기특하고 대견하다고 인사를 건넨다.

—〈백년의 향기〉 중에서

100년을 버티었다 할지라도 꽃을 피우지 못한다면 죽은 나무 취급을 받듯 인생 또한 그러할 것이다. 육신의 건재 못지않게 정신 활동의 건재, 향기 나는 삶이 어떠한 것인지 일깨운다.

얼마 전 우연한 기회에 이정웅 화가의 '책으로 그린 자연 이미지' 초대전을 보고 왔다. 책으로 이미지를 그린다니 도무지 상상이 되지 않았다. 갤러리에 들어서서 바라본 공간 속 그림의 이미지는 한 장의 사진처럼 보였다.

우리의 눈에 익숙한 자연의 풍경은 그저 평범하고 단순해 보였는데 막상 가까이 다가가서 보니 그것은 책으로 만든 또 다른 세상이었다. 다양한 책들을 칼로 일일이 회를 뜨듯 얇고 어슷하게 혹은 직선으로 잘라 풀을 부치고 색을 칠했다. 종이로 죽을 쒀 만든 수탉은 힘찬 날개를 펴고 금방이라도 뛰어내릴 것 같은 힘찬 기운이 느껴졌다.

버려질 뻔했던 오래된 책들의 조각들을 모아 수많은 단면을 이어 작품 하나하나를 만들었으니 그 시간과 노력이 얼마나 대단한지 알 수 있었다. 무수히 많은 활자가 들어 있던 책 속의 시간은 새로운 공간을 메워가며 그 자리에서 우리에게 말을 건네고 있었다.

—〈책이 내게로 왔다〉 중에서

책에 대한 고정관념을 깬 화가의 전시회 관람기이다. 책을 가까이 하는 그가 생명이 다한 책의 변신을 보면서 경탄을 금치 못하고 있다. '누군가의 인생이자 한 사람의 분신'이었던 책이 해체되어 생명을 다한 것처럼 보이나 행간에서는 일회적인 유한한 삶에서 생명력을 어떻게 보전할 것인가의 고심을 읽을 수 있다.

로그아웃

　수필은 사적주관私的主觀의 객관화客觀化이자, 행복론이라 하겠다. 작가의 '붓 가는 데'가 곧 독자와의 공감대를 형성할 수 있는 지점이어야 한다.
　소득수준은 나아졌으나 개개인이 느끼는 행복감이나 만족도는 과거보다 현저히 떨어졌다. 행복을 추구하는 다양한 방법이 대두되고 있지만 어디까지나 차선에 불과하다.
　1인 칸막이 식탁은 남의 시선과는 담을 쌓으려는 혼족이 선호하는 시설이다. 그럼에도 입맛을 잃지 않으려고 먹방을 켜놓고 식사를 하는 풍경은 어떻게 해석해야 할까. 궁극적으로 인간은 혼자일 수밖에 없지만 함께여야 한다.

　　남을 의식할 필요가 없이 온전히 혼자여서 행복하다고 할 수 있을까. 가끔 여행을 가다 휴게소 식당에 놓인 1인 칸막이 식탁을 보게 된다. 누구의 방해도 받지 말고 편하게 식사하라는 배려가 숨어 있음을 알 수 있다. 나도 어쩌다 동행이 없이 혼자 밥을 먹을 때면 남의 눈치를 보지 않으려고 손전화기를 만지기도 한다. 음악을 들으면서 애써 태연을 가장하며 밥을 먹는다.
　　혼자라는 외로움은 늘 우리 곁에 있다. 혼자일 때 비로소 자신에게로 침잠하면서 한 뼘 더 성장의 시간을 가질 수 있지 않을까.
　　　　　　　　　　　　―〈혼자라는 것에 대하여〉 중에서

우리 사회에 널리 회자되고 있는 욜로You only live once와 카르페 디엠, 소확행, 워라밸 등을 잘못 해석하면 '될 대로 되라지!'로 발전될 우려가 있다. 박 작가의 소확행은 몸의 언어이다. 오늘날 회자되는 자기포기도 아니요 차선으로 취하는 위안도 아니라는 점에서 마음 든든하다.

작품들을 일별하건대 작가는 아웃사이더로 자리해보지 못한 온실 속의 화초일지도 모른다. 연민을 불러일으킬 만큼 고난을 헤쳐 나온 삶도 아니었다. 이런 작가가 간절한 절규나 페이소스를 앞세울 수도 없으니 똑똑한 독자를 설득하기는 쉽지 않다.

반듯한 삶을 다루었으되 거부감 없이 독자들의 마음을 사는, 박귀영표 수필이 돋보이는 것은 그것이 제3의 눈, 독자의 시선과 합일을 이룬다는 점일 것이다.

나짐 히크메트가 말했듯이 인생 최고의 날들은 아직 살지 않은 날들이고, 가장 훌륭한 작품은 아직 써지지 않았다. 제2, 제3의 수필집에서 수필의 새 지평을 열어주리라 믿는다.

수필집《마음만 받을게요》상재를 축하드리며 어쭙잖은 필을 거둔다.

이 도서의 국립중앙도서관 출판예정도서목록(CIP)은 서지정보유통지원시스템 홈페이지(http://seoji.nl.go.kr)와 국가자료종합목록 구축시스템(http://kolis-net.nl.go.kr)에서 이용하실 수 있습니다. (CIP제어번호 : CIP2019034043)

마음만 받을게요
박귀영 수필집

1쇄 펴낸날	2019년 8월 30일
지은이	박 귀 영
펴낸이	오 하 룡
펴낸곳	도서출판 경남
주 소	창원시 마산합포구 몽고정길 2-1
연락처	(055)245-8818
이메일	gnbook@empas.com
출판등록	제1985-100001호(1985. 5. 6.)
편집팀	오태민 심경애 구도희
ISBN	979-11-89731-26-7-03810

ⓒ박귀영

*이 책은 경남문화예술진흥원의 문화예술지원을 보조받아 발간되었습니다.
*잘못된 책은 바꿔 드립니다.
*저자와 협의 인지 생략합니다.

〔값 13,000원〕